INTRODUÇÃO AOS
Quatro Evangelhos

Dados Internacionais de Catalogação na Publicação (CIP)
(Câmara Brasileira do Livro, SP, Brasil)

Fonsatti, José Carlos
    Introdução aos quatro evangelhos / José Carlos Fonsatti. – Petrópolis, RJ : Vozes, 2022. – (Coleção Introdução à Bíblia)

ISBN 978-65-5713-491-7

1. Bíblia. N.T. Evangelhos – Introduções I. Título. II. Série.

21-88166   CDD-226.061

Índices para catálogo sistemático:
1. Evangelhos : Introduções 226.061

Cibele Maria Dias – Bibliotecária – CRB-8/9427

Pe. José Carlos Fonsatti, CM

INTRODUÇÃO AOS
Quatro Evangelhos

Petrópolis

© 2022, Editora Vozes Ltda.
Rua Frei Luís, 100
25689-900 Petrópolis, RJ
www.vozes.com.br
Brasil

Todos os direitos reservados. Nenhuma parte desta obra poderá ser reproduzida ou transmitida por qualquer forma e/ou quaisquer meios (eletrônico ou mecânico, incluindo fotocópia e gravação) ou arquivada em qualquer sistema ou banco de dados sem permissão escrita da editora.

CONSELHO EDITORIAL

Diretor
Gilberto Gonçalves Garcia

Editores
Aline dos Santos Carneiro
Edrian Josué Pasini
Marilac Loraine Oleniki
Welder Lancieri Marchini

Conselheiros
Francisco Morás
Ludovico Garmus
Teobaldo Heidemann
Volney J. Berkenbrock

Secretário executivo
Leonardo A.R.T. dos Santos

Diagramação: Victor Mauricio Bello
Revisão gráfica: Alessandra Karl
Capa: Editora Vozes

ISBN 978-65-5713-491-7

Este livro foi composto e impresso pela Editora Vozes Ltda.

SUMÁRIO

Apresentação, 7

I. INTRODUÇÃO GERAL AOS EVANGELHOS, 9

   1. Terminologia, 10
   2. Ordem dos evangelhos, 12
   3. Simbolismo, 13
   4. Do Evangelho aos evangelhos, 14
   5. A questão sinótica, 21

II. INTRODUÇÃO AO EVANGELHO SEGUNDO MARCOS, 29

   1. Autor, 30
   2. Local e destinatários, 33
   3. Data de composição, 36
   4. A figura de Pedro no Evangelho Segundo Marcos, 37
   5. Características, 39
   6. Estrutura, 42
   7. Mensagem, 43

III. INTRODUÇÃO AO EVANGELHO SEGUNDO MATEUS, 51

   1. Autor, 53
   2. Data e local de composição, 56
   3. Características, 57
   4. Estrutura, 60
   5. Mensagem, 62

IV. INTRODUÇÃO AO EVANGELHO SEGUNDO LUCAS, 65

1. O autor, 66
2. Unidade entre Evangelho Segundo Lucas e Atos dos Apóstolos, 69
3. Local e data de composição, 70
4. Características literárias, 72
5. Estrutura, 74
6. Mensagem, 75

V. INTRODUÇÃO AO EVANGELHO SEGUNDO JOÃO, 83

1. Autor, 84
2. Data e local de composição, 86
3. O Evangelho Segundo João e os Sinóticos, 87
4. Características, 90
5. Estrutura, 92
6. Mensagem, 93

Referências, 95

APRESENTAÇÃO

"Ninguém desconhece que entre todas as Escrituras, mesmo do Novo Testamento, os evangelhos gozam de merecida primazia, uma vez que constituem o principal testemunho sobre a vida e a doutrina do Verbo Encarnado, nosso Salvador" (*Dei Verbum*, n. 188).

Para nós cristãos, os evangelhos de Mateus, Marcos, Lucas e João, constituem o centro, o coração de toda a Bíblia. Os evangelhos nos aproximam de Jesus de Nazaré. E Jesus é o centro de toda a Sagrada Escritura. Todo o Antigo Testamento converge para Jesus. E o Novo Testamento parte dele.

São Justino chamava os evangelhos de "memória dos apóstolos". Jesus não nos deixou nada escrito. Sua pregação foi sempre oral. Esses textos foram escritos por testemunhas oculares dos fatos narrados, no caso de João e Mateus. Ou por aqueles que foram discípulos dos apóstolos como Marcos e Lucas. E foram escritos por necessidade pastoral, ou seja, para transmitir fielmente o que Jesus fez e ensinou.

Os evangelhos contêm o Evangelho, isto é, a Boa-nova da salvação anunciada por Jesus. O seu estudo é fundamental para conhecer Jesus e para amá-lo e, consequentemente, segui-lo. Somente quando o Cristo se torna de fato a referência é que as comunidades vivem a verdadeira comunhão e o verdadeiro serviço, que consiste na continuidade da missão do próprio Cristo.

Este livro apresenta, em primeiro lugar, uma introdução geral aos evangelhos. Em seguida, propõe uma introdução específica a cada um dos Quatro Evangelhos, estudando-os na ordem cronológica em que foram escritos. Por isso, iniciamos o estudo pelo Evangelho de Marcos que foi o primeiro a ser escrito e foi a base dos evangelhos de Mateus e de Lucas.

Desejo que o estudo dos Quatro Evangelhos possibilite a todos um maior conhecimento do Evangelho de Jesus Cristo.

Pe. José Carlos Fonsatti, CM

I

INTRODUÇÃO GERAL AOS EVANGELHOS

1
TERMINOLOGIA

A palavra EVANGELHO é a transliteração do termo grego "EUANGELION", que significa BOA NOTÍCIA. O prefixo grego "EU" indica algo bom. Por exemplo: Eucaristia (boa graça, ação de graças), eutanásia (boa morte). E a palavra "ANGELION" vem de "ÂNGELOS" que significa mensageiro. Assim, ANGELION é aquilo que é próprio do mensageiro (ângelos), ou seja, a mensagem ou notícia.

No mundo grego a palavra "euangelion" tinha vários significados. Podia significar a gorjeta ou recompensa dada ao mensageiro que trouxe uma boa notícia; ou os sacrifícios oferecidos aos deuses em agradecimento por uma boa notícia; ou ainda a própria boa notícia. Na época de Jesus, indicava também as notícias referentes ao imperador: seu nascimento, sua coroação, as suas vitórias militares eram para os súditos "boas notícias". O verbo "evangelizar" indicava a ação de quem anunciava uma boa notícia.

No Antigo Testamento a palavra "euangelion" é usada apenas uma vez no sentido de recompensa, gorjeta. Infelizmente a recompensa foi a morte do mensageiro:

> *"Aquele que me comunicou a morte de Saul pensou trazer-me uma notícia agradável, mas eu o mandei prender e executar em Siceleg, e lhe dei assim a recompensa (euangelia) por sua Boa-nova"* (2Sm 4,10).

Nos outros textos, sobretudo nos Salmos e no Profeta Isaías, "evangelho" indicava o anúncio da futura salvação realizada por Deus:

> *"Escala um alto monte, tu que anuncias a Boa-nova, Sião! Levanta com força tua voz, mensageira da Boa-nova; Jerusalém, ergue a voz sem medo! Proclama às cidades de Judá: "Aí vem o vosso Deus"* (Is 40,9).

> *" O espírito do Senhor Deus repousa sobre mim, porque me ungiu. Enviou-me para levar a Boa-nova aos pobres"* (Is 61,1).

No Novo Testamento a palavra "evangelho" foi aplicada ao anúncio feito por Jesus.

"Depois de João ter sido preso, Jesus veio para a Galileia. Pregava o Evangelho de Deus, dizendo: Completou-se o tempo, e o Reino de Deus está próximo" (Mc 1,14).

Para Lucas, o próprio nascimento de Jesus foi uma boa notícia (Lc 2,10-11). Ao terminar sua missão sobre a terra, Jesus ordenou a seus apóstolos: *"ide por todo o mundo e pregai o Evangelho a toda criatura"* (Mc 16,15ss.). Os apóstolos, ao pregar o Evangelho, não anunciaram a chegada do Reino de Deus, mas a boa notícia da ressurreição de Jesus (At 2,22-24; 3,13-15). A ressurreição provou que Jesus era o Ungido, o Cristo, enviado por Deus para a salvação de todos. Em Jesus, Deus tinha vindo morar entre os homens. E todos aqueles que anunciavam Jesus eram chamados de evangelistas (At 21,8).

Enquanto os apóstolos estavam vivos, não havia necessidade de textos com as palavras de Jesus. Pois eles eram testemunhas oculares e transmitiram fielmente o que Jesus fez e ensinou. Porém, com o passar do tempo, as necessidades pastorais, o crescimento do número dos fiéis e a morte dos apóstolos obrigaram a Igreja a escrever o anúncio e a mensagem de Jesus. Assim nasceram os textos com a Boa-nova de Jesus. Então, no século II, a palavra EVANGELHO começou a ser aplicada aos livros que continham a mensagem de Jesus pregada pelos apóstolos.

Foi São Justino (†165) quem usou, pela primeira vez, a palavra no plural – EVANGELHOS – para indicar "as memórias dos apóstolos". Desde então, a palavra evangelista passou a indicar os autores dos evangelhos. No entanto, a Igreja sempre ensinou que existe um único Evangelho; o anúncio da salvação trazida por Jesus e pregada pelos apóstolos. Essa única Boa Notícia foi escrita por quatro evangelistas, em quatro livros diferentes. Por isso começou-se a falar de "Evangelho Segundo Marcos, Mateus, Lucas ou João". Por essa razão, nas celebrações eucarísticas, dizemos: "Proclamação do Evangelho de Jesus Cristo escrito por...., ou Segundo...".

Sobre a unicidade desta Boa Notícia, o escritor Orígenes (†253) acrescenta; "Embora escrito por quatro, o Evangelho é único". E Santo Agostinho falava "dos quatro livros de um único Evangelho".

2 A ORDEM DOS EVANGELHOS

A ordem atual – Mateus, Marcos, Lucas e João – atestada desde o começo da Igreja, não obedece a cronologia em que eles foram escritos.

Marcos é o evangelho mais antigo, seguido por Mateus e Lucas. João é o mais recente.

Mateus sempre ocupou o primeiro lugar pelo seu uso na catequese e na liturgia. De fato, Mateus compôs um evangelho bem-organizado. É chamado de "Evangelho catequético" ou "eclesiástico". Até a reforma da liturgia, no Concílio Vaticano II, o Evangelho Segundo Mateus era o mais lido aos domingos.

Quanto a Lucas, parece que o texto do evangelho formava uma única obra com os Atos dos Apóstolos. Os dois livros teriam sido separados tempos depois, e o evangelho foi colocado após Mateus e Marcos, por causa da grande semelhança entre os três. Eles são chamados "Evangelhos Sinóticos".

SIMBOLISMO

Os quatro evangelistas e também seus evangelhos são representados por quatro animais tirados do Profeta Ezequiel 1,5-14.

A atribuição de cada um dos quatro animais aos evangelistas é baseada no início de cada um dos evangelhos: Mateus inicia seu evangelho narrando a genealogia davídica de Jesus. Por isso lhe foi atribuída a figura de um anjo ou mesmo de um homem.

Marcos é simbolizado por um leão, porque inicia sua narração apresentando João Batista como a voz que ruge no deserto.

Lucas, por iniciar narrando o sacrifício no templo, foi representado por um touro.

E João é a águia, por começar seu evangelho falando da divindade eterna do Verbo que se fez carne.

4
DO EVANGELHO AOS EVANGELHOS

Os quatro textos dos evangelhos que possuímos são o resultado de uma longa tradição oral. Entre a pregação de Jesus e a composição do primeiro evangelho por Marcos passaram algumas décadas. O que aconteceu durante esse período? Como a mensagem de Jesus foi mantida íntegra quando se escrevia muito pouco? Como temos certeza de que aquilo que Mateus, Marcos, Lucas e João escreveram foi exatamente o que Jesus ensinou e fez?

Para a compreensão dos evangelhos é importante remontar no tempo e descobrir as etapas sucessivas que precedem o texto atual. Para facilitar a compreensão vamos dividir esse longo período em três etapas:

- **A ação de Jesus** – que anuncia a chegada do Reino de Deus.

- **A ação da Comunidade Primitiva** – que à luz da ressurreição medita, anuncia e dá forma às palavras e feitos de Jesus.

- **A ação dos evangelistas** – que colocam por escrito as reflexões da Comunidade primitiva.

A ação de Jesus

Jesus de Nazaré iniciou seu ministério público pelo ano 27 d.C. na Galileia. Sua atividade pública durou aproximadamente três anos, até sua morte em Jerusalém, no ano 30 d.C.

Conforme os evangelhos sinóticos, Jesus iniciou seu ministério público anunciando a chegada do Reino de Deus. Vejamos o que dizem:

- "*Jesus percorria toda a Galileia, ensinando em suas sinagogas, pregando o <u>Evangelho do Reino</u> e curando toda e qualquer doença ou enfermidade do povo*" (Mt 4,23).

- "*Depois que João foi preso, veio Jesus para a Galileia proclamando o <u>Evangelho de Deus</u>: O tempo está realizado e o Reino de Deus está próximo. Convertei-vos e crede no <u>Evangelho</u>*" (Mc 1,14-15).

- *"Ele, porém, lhes disse: Devo anunciar também a outras cidades a <u>Boa-nova do Reino de Deus</u>, pois é para isto que fui enviado"* (Lc 4,43).

A leitura dos evangelhos mostra que uma das primeiras preocupações de Jesus foi formar um grupo de discípulos e instruí-los para que continuassem sua missão.

> *"Estando ele a caminhar, junto ao mar da Galileia, viu dois irmãos: Simão, chamado Pedro, e seu irmão André, que lançavam a rede ao mar, pois eram pescadores. Disse-lhes: <u>Segui-me e eu vos farei pescadores de homens</u>. Eles, deixando imediatamente as redes, o seguiram"* (Mt 4,18).

Todos os rabinos da época possuíam seguidores e discípulos. Porém, eram os discípulos que escolhiam seus mestres. Jesus age de modo novo, escolhendo seus seguidores, gente simples, como os pescadores do lago da Galileia. Enquanto percorria cidades e aldeias anunciando o Reino de Deus, Jesus formava seus discípulos.

Como Jesus transmitiu seus ensinamentos às multidões que o seguiam e a seus discípulos? Sem dúvidas ele serviu-se das técnicas e métodos de ensino do seu tempo.

Entre os rabinos a transmissão da tradição se fazia oralmente por meio dos chamados "tannaim", ou seja, repetidores que se serviam de técnicas para decorar, resumir, compendiar os ensinamentos dos grandes rabinos. Sua função era transmitir fielmente a interpretação da Lei de Moisés feitas pelos escribas e mestres da Lei.

Não nos consta que Jesus tenha se servido dos "tannaim" no seu ensinamento, mas sem dúvidas serviu-se de seus métodos para facilitar a memorização de sua mensagem.

Analisando o material contido nos Sinóticos é possível descobrir diversas "formas de ensinar" utilizadas por Jesus.

Alguns exemplos:

- <u>Frases em primeira pessoa (Eu)</u>, por exemplo:

  Mc 2,17: *"Eu não vim chamar os justos, mas os pecadores"*. No Antigo Testamento apenas Deus fala na primeira pessoa. É certo que nessas frases Jesus exprime de modo claro a autoconsciência que tinha de si mesmo e de sua missão.

- <u>Palavras imperativas e de autoridade</u>, por exemplo:

  Mt 1,17: *"Vinde após mim"*;
  Lc 7,14: *"Jovem, eu te ordeno, levanta-te"*.

  As pessoas reconheciam que Ele *"ensinava com autoridade e não como os escribas"*.

- Ameaças: contra os escribas e fariseus (Mc 12,38-40); contra os ricos (Lc 6,24-26); contra as cidades da Galileia (Mt 11,21-24).
- Máximas de sabedoria (provérbios), por exemplo:
  Mc 2,17: *"Não são os sãos que precisam de médico, mas os doentes"*.
  Mc 6,24: *"Ninguém pode servir a dois senhores"*.
- Frases ritmadas de fácil memorização, por exemplo:
  Mt 7,7-8: *"Pedi e vos será dado; buscai e achareis; batei e vos será aberto. Porque todo aquele que pede, recebe; quem busca, acha; a quem bate, se abrirá"*.
- Regras de conduta para os discípulos que depois foram aplicas a toda a Comunidade. Por exemplo, como vemos em: Mt 18.
- Parábolas. As parábolas foram sua forma predileta de ensino.

Sua preocupação era que seus discípulos percebessem o significado exato do que ouviam e viam e guardassem os traços essenciais de suas palavras e ações. Por isso quando seus discípulos não entendiam seu ensinamento, pediam-lhe explicações e Ele lhes ensinava em particular.

"Então, deixando as multidões, entrou em casa. E os discípulos achegaram-se a ele, pedindo-lhe: Explica-nos a parábola do joio" (Mt 13,36).

Mateus é o evangelista que deixou claro essa preocupação de Jesus em formar seus discípulos. Por isso, a certo ponto de seu ministério público, Jesus se afastou aos poucos da multidão e concentrou sua atenção nos discípulos (Mt 14-20). O ponto central desse ensinamento reservado aos discípulos era sua própria pessoa. Os discípulos são levados a descobrir em Jesus o Messias prometido e, depois, pelos anúncios de sua morte e ressurreição, Jesus os leva a descobrir nele o Messias sofredor e não glorioso.

Os apóstolos conviveram com Jesus durante todo o tempo de seu ministério público. Ouviram seus ensinamentos, viram seus milagres, aprenderam seu modo de ensinar e tratar com a multidão. Fizeram a experiência da missão durante o tempo que viveram com Ele.

"Convocando os Doze, deu-lhes poder e autoridade sobre todos os demônios, bem como para curar doenças, e enviou-os a proclamar o Reino de Deus e a curar" (Lc 9,1-2).

Sem dúvidas foram os apóstolos que iniciaram, ainda antes da Páscoa, uma tradição oral sobre Jesus. Porém, mesmo seguindo Jesus, ouvindo seus ensinamentos, vendo seus milagres, os discípulos ainda não compreendiam exatamente sua pessoa e sua missão.

O grande acontecimento que fez com que os discípulos descobrissem a verdadeira identidade de Jesus foi sua ressurreição. A princípio eles relutaram em acreditar, mas se renderam às evidências. O modo de ver Jesus passou por uma transformação radical. Jesus não era mais o mestre, o rabino, mas o Messias, o Senhor. Foi então que tudo o que Jesus fez e ensinou foi completamente compreendido. A ressurreição é o ponto central da fé e da vida da Comunidade Primitiva.

A ação da Comunidade Primitiva

A ressurreição de Jesus e suas aparições fez reacender a esperança em muitos de seus discípulos que, frustrados com sua morte, retornaram para suas casas (por exemplo: os discípulos de Emaús – Lc 24). Cheios de vida nova se reuniram em Jerusalém ao redor de Pedro e ali puderam encontrar-se com o Ressuscitado várias vezes. Esse grupo primitivo era formado pelos apóstolos, discípulos e familiares de Jesus. Maria, mãe de Jesus, deve ter sido um elemento importante nessa primeira comunidade.

Com o dom do Espírito Santo em Pentecostes, a comunidade liderada pelos apóstolos começou a anunciar a ressurreição de Jesus e a salvação em seu nome. O núcleo central dessa pregação era o anúncio da morte e ressurreição de Jesus. Esse primeiro anúncio é conhecido como **"QUERIGMA"**. Podemos encontrá-lo em todos os discursos dos Atos dos Apóstolos.

> *"Homens de Israel, escutai estas palavras! Jesus de Nazaré foi por Deus aprovado entre vós com milagres, prodígios e sinais que Deus operou por meio dele entre vós, como bem sabeis. Este homem, que fora entregue segundo o desígnio bem determinado e a presciência de Deus, vós o entregastes, crucificando-o por mãos de ímpios. Deus, porém, o ressuscitou, livrando-o das dores do Hades"* (At 2,22-24).

O Querígma é um anúncio:

- **Cristológico:** isto é, centrado em Jesus como Cristo/Messias.
- **Pascal:** é o anúncio da morte e ressurreição de Jesus.
- **Messiânico:** por sua ressurreição Jesus provou ser o Messias.
- **Soteriológico:** pelo batismo em seu nome recebemos o perdão dos pecados e a salvação.

Em Jerusalém todos conheciam os pormenores da vida de Jesus, por isso não era necessário insistir sobre eles. Porém, quando o querígma foi anunciado aos judeus que viviam fora da Palestina ou aos não judeus, foi necessário acrescentar outros dados sobre a vida e o ministério de Jesus. Portanto, o querígma foi adaptado às necessidades do auditório.

Ao relembrar e anunciar o que Jesus fez e ensinou à Comunidade cristã agiu da seguinte forma:

- Fez uma seleção entre o grande número de recordações sobre Jesus.

- Visto que as palavras e ações de Jesus seriam usadas na vida dos fiéis, os anunciadores não se sentiram obrigados a enquadrá-las com exatidão cronológica e geográfica na vida de Jesus.

- Não bastava recordar as palavras dos atos de Jesus. Era necessário atualizá--las e aplicá-las na vida dos cristãos.

O anúncio de Jesus foi feito aos crentes, àqueles que desejavam conhecer e seguir Jesus, e aos não crentes, àqueles que não aceitavam a messianidade e a divindade de Jesus.

- O anúncio aos crentes era feito principalmente na liturgia e na catequese.

> "Eles (os discípulos) se mostravam assíduos ao ensinamento dos apóstolos, à comunhão fraterna, à fração do pão e às orações" (At 2,42).

Liturgia: o momento da "fração do pão" (Eucaristia) era muito propício para recordar, aprofundar e proclamar o mistério de Jesus. A celebração litúrgica fomentava a lembrança da vida e mensagem de Jesus. Provavelmente nesses momentos foram tomando forma os textos sobre a última ceia, a paixão, ressurreição e aparições de Jesus ressuscitado, sua ascensão, o batismo, a transfiguração, a multiplicação dos pães. Sem dúvidas a liturgia desempenhou papel muito importante na formação dos nossos atuais evangelhos.

Catequese: os que tinham sido batizados continuavam recebendo instruções: o ensinamento dos apóstolos (At 2,42); a Didaqué. Essas instruções ou catequeses eram feitas na base de sentenças doutrinárias de Jesus reunidas por ordem temática e não cronológica. Por exemplo: as bem-aventuranças; as parábolas do Reino; as parábolas da misericórdia; o que Jesus disse sobre a observância do sábado; sobre o divórcio; sobre o jejum; sobre a oração etc.

Quando a Igreja se estendeu para fora da Palestina, surgiram perguntas sobre a vida de Jesus, seus parentes, discípulos, sobre João Batista etc. A todas essas dúvidas e perguntas os apóstolos respondiam recordando as palavras do próprio Jesus sem preocupar-se em situá-las exatamente nas circunstâncias em que foram ditas.

- O anúncio aos não crentes: logicamente o anúncio do Evangelho por parte dos apóstolos suscitou reações contrárias, sobretudo entre os judeus. O próprio Jesus, durante seu ministério público, discutiu com fariseus e saduceus várias vezes. Nesses momentos de controvérsia os apóstolos fizeram:
  - Uma releitura cristológica do Antigo Testamento: Procuraram mostrar pelas Escrituras que Jesus era o Messias predito pelos profetas e que muitos textos das Escrituras só podiam ser compreendidos plenamente nele. Formaram, assim, listas de textos bíblicos que eram utilizados nos momentos de debates. Só no Evangelho Segundo Mateus encontramos setenta (70) citações do AT com a observação: "assim se cumpriu a Escritura".
  - A apologética: os apóstolos recordavam e citavam os vários milagres de Jesus para provar sua divindade. Os milagres não foram narrados como fatos históricos, mas como fatos que provavam a divindade e messianidade de Jesus.

  Assim, durante a pregação oral, lenta e espontaneamente, foram surgindo pequenas unidades contendo ensinamentos, milagres de Jesus que eram usados conforme a necessidade. Muitas dessas unidades são, ainda hoje, detectadas nos textos dos evangelhos. Por exemplo: todas as parábolas começam do mesmo modo: "O Reino dos Céus/Deus é semelhante a ..."; todos os milagres seguem um mesmo esquema.

O início das coleções escritas

Aos poucos esses blocos da pregação oral começaram a ser escritos. Os motivos foram: a ausência ou morte dos apóstolos que eram as testemunhas oculares; o aumento dos fiéis e a expansão geográfica da Igreja, de modo que era impossível para os apóstolos estar em todas as reuniões litúrgicas dos fiéis. A distância cronológica entre Jesus e os fiéis também influiu. Era necessário conservar intacta sua mensagem.

Por esses e por outros motivos os cristãos começaram a fazer coleções e listas de milagres, de parábolas, de citações bíblicas, de dados biográficos de Jesus. Passava-se, portanto, da pregação oral às primeiras unidades escritas. Ainda não era um material bem ordenado, eram simples coleções com o objetivo de não se perder a mensagem do Mestre.

Num segundo momento procurou-se dar uma certa ordem a todo esse material reunindo-o em blocos: o que Jesus fez e ensinou na Galileia, em Cafarnaum, na Judeia, em Jerusalém; o que Ele falou sobre o Reino etc.

Logicamente todas essas recordações orais e escritas traziam a marca das comunidades onde nasceram ou se desenvolveram, refletindo assim, os problemas e anseios de cada comunidade cristã.

A ação dos evangelistas

Ao compor seus textos, os evangelistas se serviram desse grande e rico material transmitido oralmente na Igreja. Porém, eles não foram meros compiladores ou redatores. Eles não se contentaram em reunir de modo ordenado tudo o que se dizia sobre Jesus, mas enriqueceram esses dados com fontes especiais. Cada um deles foi um verdadeiro autor e teólogo. Por isso podemos falar de uma teologia de Marcos, de Mateus, de Lucas ou de João.

Cada um escreveu em uma determinada comunidade e tempo. Procuraram fazer com que o anúncio de Jesus respondesse aos anseios daquela comunidade particular. Não podem ser considerados historiadores ou cronistas. Seu objetivo foi catequético: anunciar Jesus.

Concluindo: Antes de ser escrito o Evangelho foi anunciado. Jesus é a fonte dos evangelhos escritos. O que Ele fez e ensinou foi pregado pelos apóstolos à luz da ressurreição. Essa pregação foi, em primeiro lugar, o anúncio da morte e ressurreição de Jesus. Suas palavras e seus atos não foram apenas relembrados, mas atualizados na vida dos cristãos. Os apóstolos não inventaram nada. Apenas refletiram, principalmente, sobre o que Jesus ensinou e realizou, e de modo especial sobre sua morte e ressurreição. Com o desaparecimento dos apóstolos, os cristãos escreveram a mensagem de Jesus como era pregada por aqueles que conviveram com Ele, desde o seu batismo até o dia que subiu aos céus.

5

A QUESTÃO SINÓTICA

Os Evangelhos Segundo Mateus, Marcos e Lucas são chamados "Evangelhos Sinóticos" por causa da grande concordância que existe entre eles.

A palavra "SINÓTICO" provém do grego "SYN + OPSIS" e significa visão de conjunto. Esse termo foi utilizado pela primeira vez em 1776 pelo professor J.J. Griesbach, que editou a primeira sinopse dos evangelhos. Ele escreveu os Evangelhos Segundo Mateus, Marcos e Lucas em colunas paralelas, e descobriu que eram semelhantes.

O que se chama de "Questão sinótica" é o estudo das semelhanças e diferenças entre os três evangelhos e a tentativa de entender o porquê delas.

5.1 A questão

Semelhanças

a) Quanto ao conteúdo

Encontramos nesses três evangelhos textos que são comuns aos três evangelhos. Outros textos são comuns a apenas dois evangelhos: Mateus e Marcos, Lucas e Marcos, Lucas e Mateus. E há textos presentes em apenas um deles. A maior parte dos textos está presente nos três evangelhos. Seu conteúdo é principalmente narrativo.

A ordem em que se encontram é o esquema geográfico que parte do batismo de Jesus, apresenta seu ministério público na Galileia, a viagem à Jerusalém e a narração da paixão-morte e ressurreição. Normalmente esses textos estão na mesma ordem nos três evangelhos.

Os textos comuns a dois evangelhos estão presentes sobretudo nos Evangelhos Segundo Mateus e Lucas. Os textos comuns somente entre Marcos e Mateus e Marcos e Lucas são poucos. Seu conteúdo é sobretudo doutrinal, embora contenha alguns textos narrativos. A ordem das perícopes é diferente entre Mateus e Lucas. Em Mateus estão inseridas nos cinco (5) grandes discursos de Jesus que formam a estrutura do evangelho. Em Lucas estão inseridos sobretudo no contexto da viagem de Jesus da Galileia para Jerusalém. Lucas é o evangelista que contém o maior número de textos exclusivos.

Confira o gráfico para ter uma ideia clara:

Marcos = 661 versículos

600 v. comuns a Mt e Lc	61 v. exclusivos

Mateus = 1.068 versículos

600 v. comuns a Mc	230 v. comuns Lc	238 v. exclusivos

Lucas = 1.149 versículos

330 v. comuns a Mc	230 v. comuns a Mt	589 v. exclusivos

b) Quanto à ordem

Os três evangelistas seguem a mesma ordem ou disposição dos textos.

- Preparação para o ministério público de Jesus:
    Mc 1,1-13   Mt 3,1–4,11   Lc 3,1–4,13
- Ministério na Galileia:
    Mc 1,14–9,50   Mt 4,12–18,35   Lc 4,14–9,50
- Viagem de Jesus para Jerusalém:
    Mc 10,1-52   Mt 19,1–20,34   Lc 9,51–18,43
- Morte e ressurreição:
    Mc 11-16   Mt 21-28   Lc 19-24

c) Quanto à linguagem

Muitos textos possuem uma notável semelhança na linguagem (palavras, frases). Por exemplo:

- "*Conforme está escrito no Profeta Isaías: 'Eis que eu envio meu mensageiro diante de ti a fim de preparar o teu caminho; <u>a voz que clama no deserto: preparai o caminho do Senhor, tornai retas suas veredas</u>'*" (Mc 1,2).

- *"Pois foi dele que falou o Profeta Isaías, ao dizer: '<u>Voz do que grita no deserto: preparai o caminho do Senhor, tornai retas suas veredas</u>'"* (Mt 3,3).

- *"...conforme está escrito no livro das palavras do Profeta Isaías: '<u>Voz do que clama no deserto: preparai o caminho do Senhor; tornai retas suas veredas</u>; todo vale será aterrado, toda montanha ou colina será abaixada; as vias sinuosas se transformarão em retas e os caminhos acidentados serão nivelados. E toda a carne verá a salvação de Deus'"* (Lc 3,4-6).

Muitas palavras de Jesus são redigidas com palavras idênticas, às vezes refletindo o grego falado. Todas essas semelhanças se tornam mais evidentes quando confrontamos os Sinóticos com o Evangelho de João.

Diferenças

a) Quanto ao conteúdo

As diferenças quanto ao conteúdo se encontram em maior número entre Mateus e Lucas. Normalmente, quando relatam o mesmo fato o fazem de modo totalmente diferente. Por exemplo: o Evangelho da infância (Mt 1–2 e Lc 1–2); a genealogia de Jesus (Mt 1,1-17 e Lc 3,23-38); as tentações de Jesus (Mt 4,3-12 e Lc 4,3-12); as bem-aventuranças (Mt 5,1-12 e Lc 6,20-26) etc.

No que se refere aos textos comuns aos três, as diferenças são pequenas, mas interessantes. Por exemplo: Marcos e Lucas relatam a cura de um possesso em Gerasa (Mc 5,1-29; Lc 8,26-39); a cura de um cego em Jericó (Mc 10,46-52; Lc 18,35-43); falam também de um jumento usado por Jesus na sua entrada triunfal em Jerusalém (Mc 11,1-7; Lc 19,28-35), enquanto Mateus, em todos esses casos, fala de dois (dois possessos, dois cegos, uma jumenta e seu jumentinho).

As diferenças também são evidentes nos relatos das aparições de Jesus ressuscitado: Marcos não narra nenhuma aparição; para Mateus as aparições acontecem na Galileia (Mt 28), e para Lucas, em Jerusalém (Lc 24).

b) Quanto à ordem

Embora encontremos o mesmo esquema nos três evangelhos, alguns textos são colocados em lugares diferentes. Por exemplo: a expulsão de Jesus de Nazaré é situada por Marcos e Mateus no final do ministério na Galileia (Mc 6,1-6; Mt 13,53-58), enquanto Lucas a situa no início no ministério público de Jesus (Lc 4,15-30).

Às vezes o material é reunido de modo diferente. Por exemplo: as parábolas. Enquanto Mateus coloca sete (7) parábolas seguidas, Lucas narra apenas uma.

5.2 Hipóteses de solução

A "questão sinótica" despertou grande interesse no princípio do século XIX. Porém, já alguns autores antigos e medievais tentaram harmonizar os Quatro Evangelhos através de comparações.

Santo Agostinho escreveu um interessante trabalho intitulado: *"De consensu evangelistarum"* (A respeito do consenso dos evangelistas) com o objetivo de defender os evangelhos da acusação de serem contraditórios. Ele defendeu a ordem histórica dos evangelhos (Mt – Mc – Lc – Jo) e admitiu a ideia de que cada evangelista se serviu do trabalho anterior. Assim Marcos seria um resumo de Mateus. Seu livro teve grande influência nos autores posteriores.

Hipótese da Tradição Oral

Segundo essa teoria, a grande concordância entre os Sinóticos é o resultado da pregação oral da Igreja primitiva. Exclui-se qualquer dependência literária de um texto original.

A catequese primitiva teria assumido formas fixas por causa da repetição contínua e da pobreza do vocabulário da língua aramaica. Disso teria resultado a grande semelhança entre os três evangelhos. As diferenças seriam explicadas como resultado dos ambientes diferentes em que foi realizada a pregação da Igreja primitiva.

Crítica: Sem dúvidas, a redação dos evangelhos foi precedida pela tradição oral da Igreja, que foi preponderante na transmissão fiel do ensino de Jesus.

Porém, só a tradição oral não é suficiente para explicar as grandes semelhanças e também as diferenças entre os Sinóticos, como explicar as concordâncias verbais ou as omissões. Também a longa ordem dos textos exige uma explicação que ultrapassa o uso de uma tradição oral comum.

Hipótese do Evangelho primitivo

Essa teoria propõe a utilização por Marcos, Mateus e Lucas de um Evangelho primitivo. Esse "Evangelho primitivo" teria sido escrito em aramaico pelo ano 35 por um discípulo dos apóstolos e narrava toda a vida de Jesus. Esse texto aramaico teria sido depois traduzido para o grego e reelaborado várias vezes. Assim, os três evangelhos seriam independentes entre si, mas dependeriam de um único texto anterior.

Crítica: Essa teoria foi abandonada faz muito tempo. Ninguém encontrou nenhum testemunho da antiguidade a respeito desse "Evangelho primitivo".

Se a hipótese fosse viável, os evangelhos atuais deveriam ser muito mais parecidos. Por exemplo, esse texto primitivo não poderia ter duas genealogias diferentes de Jesus.

Hipótese da interdependência literária

Segundo essa teoria, cada um dos evangelistas usou o texto do seu predecessor. Essa teoria permite várias possibilidades. Porém, duas possuem fundamento:

- **Mateus como fonte de Marcos e Lucas (Mt + Mc + Lc)**

Retoma a teoria de Santo Agostinho e é a hipótese aceita por muitos autores católicos ainda hoje. Mateus seria o evangelho mais antigo; Marcos teria abreviado o texto de Mateus; e Lucas serviu-se dos dois.

Dentro dessa sucessão (Mt – Mc – Lc) se pode colocar a hipótese aceita por muitos da existência de um evangelho aramaico de origem apostólica. Toma-se como base a afirmação de Papias, bispo de Gerápolis, na Frígia, que afirmou que Mateus teria reunido os "logia" de Jesus em aramaico. Até hoje se discute o que Papias entendia por "logia". Seria apenas sentenças, ensinamentos, ou também milagres?

Crítica: A ordem Mt – Mc – Lc não pode ser a original. É inconcebível que o Evangelho Segundo Marcos seja um resumo do Evangelho Segundo Mateus.

Por que Marcos teria deixado de lado textos tão importantes como, por exemplo, o Sermão da Montanha, ou as aparições de Jesus ressuscitado.

Quanto ao "Mateus aramaico" é difícil aceitar sua existência como evangelho. Além da afirmação de Papias contada por Euzébio de Cesareia, não existe nada que comprove sua existência: nenhuma citação em algum autor dos primeiros séculos, ou mesmo referência.

- **Marcos como fonte de Mateus e Lucas (Mc - Mt - Lc)**

Trata-se de uma hipótese que teve grande aceitação.

Certamente o Evangelho Segundo Marcos é independente dos Evangelhos Segundo Mateus e Lucas. Também Mateus e Lucas são independentes entre si. Quando Mateus ou Lucas não seguem o texto de Marcos, eles não concordam entre si quanto ao conteúdo, ordem e linguagem. Marcos é, sem dúvidas, anterior a Mateus e Lucas, e foi usado por ambos.

Crítica: A prioridade de Marcos é hoje aceita unanimemente. Porém, Marcos não pode ser a única fonte de Mateus e Lucas. Como se explicaria os textos que encontramos em Mateus e Lucas, mas não estão em Marcos? Portanto, Marcos é uma das fontes de Mateus e Lucas, a mais importante. Entretanto, além de Marcos, deve haver uma outra fonte onde Mateus e Lucas encontraram textos comuns entre eles.

Hipótese das duas fontes

As linhas fundamentais dessa teoria são: O evangelho mais antigo é o de Marcos e foi usado por Mateus e por Lucas que escreveram algum tempo depois. Portanto, Marcos é a fonte de Mateus e de Lucas. Além de Marcos, Mateus e Lucas utilizaram uma outra fonte escrita. Essa fonte recebeu o nome de "QUELLE" (do alemão = fonte). Era formada quase que exclusivamente por sentenças e ensinamentos de Jesus. Mateus e Lucas serviram-se dessa fonte além do texto de Marcos. Além dessas duas fontes cada um deles teve suas fontes particulares escritas ou orais, mas de menor importância.

Para demonstrar a prioridade de Marcos e a existência da Quelle, os críticos apresentam as seguintes observações:

- Em muitos lugares, Marcos oferece textos que, do ponto de vista da linguagem, do conteúdo e da doutrina, parecem ser mais antigos que os paralelos de Mateus e Lucas.

- Mateus e Lucas coincidem entre si quando narram algo que está em Marcos. Quando narram um fato que não se encontra em Marcos, eles discordam entre si. Portanto, Marcos é a base de Mateus e de Lucas. Por exemplo: os evangelhos da infância; as bem-aventuranças; as aparições de Jesus ressuscitado são diferentes entre Mateus e Lucas porque não se encontram no Evangelho Segundo Marcos.

- Se Marcos tivesse utilizado Mateus e Lucas seria difícil explicar por que deixou de lado textos tão preciosos como as bem-aventuranças, os relatos da ressurreição. Logo, Marcos não se serviu de Mateus ou de Lucas.

- Marcos como única fonte de Mateus e Lucas não explica o fato Sinótico, pois em Mateus e Lucas, embora independentes entre si, existem aproximadamente 230 versículos comuns a ambos e que não estão em Marcos. Isso supõe que, além de Marcos, Mateus e Lucas utilizaram uma outra fonte para redigir seus evangelhos. Essa fonte foi denominada QUELLE.

- A fonte QUELLE ("Q") devia ser um documento escrito e não apenas transmitido oralmente. Continha, sobretudo, sentenças de Jesus, e poucos textos narrativos; não continha a história da paixão e ressurreição de Jesus.

- Marcos não conheceu ou não utilizou a fonte "Q".
- É preciso supor que Mateus e Lucas utilizaram cópias diferentes da fonte "Q", pois Lucas possui mais textos do que Mateus.
- Mateus e Lucas nunca conheceram os escritos um do outro. Se houvesse dependência mútua entre ambos, seria difícil explicar as diferenças na história da infância, na genealogia, nas narrações das aparições de Jesus ressuscitado.
- Mateus seguiu o esquema de Marcos e acrescentou o material encontrado na "Q" dentro do contexto dos cinco discursos de Jesus (Mt 5–7; 10; 13; 18; 24–25).
- Lucas também seguiu o esquema de Marcos e colocou o material encontrado na "Q" em dois grandes blocos do seu evangelho (Lc 6,20–8,3 e 9,51–18,14).

O local e a data da composição da fonte "Q" são ignorados. Alguns autores supõem que tenha sido escrita na Galileia antes da composição do Evangelho Segundo Marcos.

Teríamos o seguinte esquema:

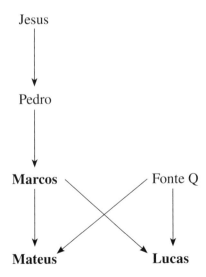

Resumindo

Jesus é a base de tudo. Ele anunciou a chegada do Reino de Deus e o mostrou presente com seus milagres.

Pedro, como os outros apóstolos, foi testemunha ocular de tudo o que Jesus fez e ensinou. Na sua pregação aos cristãos, sobretudo de Roma, Pedro contou o que viu e ouviu de Jesus.

O Evangelho Segundo Marcos é a pregação de São Pedro na cidade de Roma. Tanto Mateus quanto Lucas tomaram como base de seus evangelhos o texto de Marcos, e o enriqueceram com textos tirados da Fonte Q e de outras fontes pessoais.

INTRODUÇÃO AO EVANGELHO SEGUNDO MARCOS

II

1

O AUTOR

Nenhum texto dos evangelhos atuais contém o nome de seu autor. Foi a Tradição da Igreja que atribuiu cada texto a um determinado evangelista.

No caso de Marcos, a Tradição mais antiga é atestada por Papias (125/130 d.C.), bispo de Gerápolis (Hierápolis) na Ásia Menor.

> "Marcos, intérprete de Pedro, escreveu cuidadosa, não, porém, ordenadamente as recordações das palavras ou ações do Senhor.
>
> Efetivamente, ele jamais ouvira, ou seguira o Senhor. Mas, conforme disse, mais tarde ele conviveu com Pedro que pregava segundo a necessidade dos ouvintes, mas não elaborou uma síntese das palavras do Senhor. Assim, ao escrever, Marcos, de acordo com suas lembranças, não cometeu erros. Tivera o único propósito de nada omitir do que ouvira, nem impingir algo de falso" (Euzébio de Cesareia em *História Eclesiástica III* 39,15).

Testemunho semelhante encontramos em Santo Irineu, bispo de Lião, no final do século II.

> "Após a morte deles (isto é, de Pedro e Paulo), Marcos, discípulo e intérprete de Pedro, transmitiu-nos por escrito igualmente o que Pedro pregara" (*Adv. Haer. III*, I,1).

A Tradição também identificou o Evangelista Marcos com o personagem João Marcos:

- *"Refletindo um momento, dirigiu-se à casa de Maria, mãe de João, de sobrenome Marcos"* (At 12,12).

- *"Concluída sua missão, Barnabé e Saulo voltaram de Jerusalém, trazendo consigo João, chamado Marcos"* (At 12,25).

Marcos é um nome grego romano, enquanto João é um nome semita. O evangelista é lembrado ora como Marcos (cf. At 12,12.25; 15,37), ora como João (At 13,5.13), ora com os dois nomes (At 15,39; Fm 24; 2Tm 4,11; 1Pd 5,13).

Alguns autores afirmaram se tratar de duas pessoas diferentes: Marcos, discípulo de Pedro e João Marcos, colaborador de São Paulo. Porém, hoje a totalidade dos exegetas considera que se trate de uma única pessoa.

Parece que Marcos pertencia a uma família com certa posse, pois sua mãe chamada Maria possuía uma casa grande em Jerusalém. Possuía também uma serva, chamada Rode (Rosa) (At 12,12). É provável que os cristãos se reunissem em sua casa, pois Pedro, apenas milagrosamente libertado da prisão, se dirige para lá. O fato do texto de Atos não citar o nome do seu pai pode ser um indício de que este já estivesse morto. É bem provável que Marcos pertencesse à tribo de Levi, pois era primo de Barnabé, um levita originário da Ilha de Chipre:

- *"Saúda-vos Aristarco, meu companheiro de prisão, e Marcos, primo de Barnabé, a respeito do qual já recebestes instruções: se ele for visitar-vos, acolhei-o bem"* (Cl 4,10).

Marcos provavelmente foi batizado por Pedro que o chama de "meu filho": *"Saúda-vos a igreja que está em Babilônia, eleita como vós, e também Marcos, meu filho"* (1Pd 5,13).

Marcos acompanhou Barnabé e Saulo na primeira viagem missionária que fizeram entre os anos 45 e 48:

"Enviados assim pelo Espírito Santo, Barnabé e Saulo desceram para Selêucia, e de lá navegaram para Chipre. Quando chegaram a Salamina, começaram a pregar a palavra de Deus nas sinagogas dos judeus, tendo João como auxiliar" (At 13,4-5).

Portanto, Marcos participou com Paulo e Barnabé na evangelização de Chipre. Entretanto, por razões desconhecidas, abandonou o grupo missionário quando Paulo e Barnabé embarcaram para a Panfília iniciando a evangelização da Ásia Menor:

Paulo e os seus companheiros navegaram de Pafos até Perge na Panfília. Ali, João separou-se deles e voltou para Jerusalém (At 13,13).

Por isso, Paulo se negou a levá-lo consigo na sua segunda viagem missionária, como podemos constatar:

"Passados alguns dias, Paulo disse a Barnabé: 'Vamos visitar os irmãos em todas as cidades em que pregamos a palavra do Senhor, para ver como estão'. Barnabé queria levar também João, chamado Marcos. Paulo, no entanto, achava que não devia levá-lo porque ele os havia abandonado desde a Panfília e não os havia acompanhado no trabalho" (At 15,36-38).

A partir desse momento, não encontramos mais notícias sobre Marcos nos Atos dos Apóstolos. Com muita probabilidade, nesse período, ele esteve ao lado de Pedro colaborando no seu ministério. Deve ter acompanhado Pedro até Roma, onde, segundo a Tradição, foi seu intérprete (hermeneuta). Provavelmente ele ainda estava em Roma quando Paulo aí chegou como prisioneiro no ano 61.

- *"Saúda-te Épafras, companheiro de minha prisão em Cristo Jesus, bem como Marcos, Aristarco, Demas e Lucas, meus colaboradores"* (Fm 23-24).

Durante sua segunda prisão em Roma, Paulo solicitou a presença de Marcos:

- *"Só Lucas está comigo. Toma contigo Marcos e traze-o, porque me é bem útil no ministério"* (2Tm 4,11).

Segundo uma tradição conservada por Eusébio de Cesareia, Marcos foi o primeiro bispo de Alexandria, no Egito, onde morreu e foi sepultado.

> *"Narra-se ter sido este Marcos o primeiro a ser enviado ao Egito, onde pregou o Evangelho que havia escrito. Estabeleceu Igrejas, a primeira das quais na própria cidade de Alexandria"* (Hist. Eclesiástica II 16,1).

Alguns textos antigos deram-lhe o apelido de "Kolobodáctylos", que significa, "dos dedos curtos". A explicação do apelido seria que Marcos, que era de linhagem sacerdotal, após receber o batismo cristão, teria cortado um dos dedos para tornar-se inapto ao sacerdócio levítico.

É certo que Marcos era de origem levítica e a notícia dos dedos curtos parece ser verdadeira. Porém, parece lendária a mutilação para se tornar inapto sacerdócio.

Embora não tenha sido um apóstolo ou discípulo de Jesus, Marcos ocupou um lugar de destaque na Igreja. Não é apresentado como um líder, como Pedro ou Paulo, mas como uma figura de segunda importância, aqueles que são excelentes colaboradores que estão sempre a serviço de grandes homens. Podemos dizer que Marcos, na sua humildade, foi um verdadeiro colaborador dos apóstolos Pedro e Paulo. Desde o século III a Tradição da Igreja é unânime sobre o Segundo Evangelho a Marcos.

Em 828, os venezianos teriam transladado seu corpo para a cidade de Veneza, onde construíram uma grande basílica para guardar seus restos mortais.

2

LOCAL E DESTINATÁRIOS

O Prólogo Antimarcionita, (um texto do século II escrito contra o herege Marcião) diz que o Evangelho Segundo Marcos foi escrito "no solo da Itália". O mesmo afirma Clemente de Alexandria, Tertuliano, Santo Epifânio, São Jerônimo e outros. Uma leitura atenta do seu evangelho permite descobrir que os primeiros destinatários não eram habitantes da Palestina. De fato, Marcos procura explicar:

- **Dados geográficos:**
  - 1,9: *"Aconteceu, naqueles dias, que Jesus veio de Nazaré da Galileia e foi batizado por João no Rio Jordão".*
  - 6,45: *"Logo em seguida, forçou os seus discípulos a embarcar antes dele para a outra margem frente à Betsaida até que ele despedisse a multidão".*
  - 10,1: *"Partindo dali ele foi para o território da Judeia, além do Rio Jordão...".*
  - 13,3: *"Sentado no Monte das Oliveiras, frente ao Templo...".*

- **Traduzir as palavras aramaicas:**
  - 7,11: *"Corban, isto é, oferta a Deus".*
  - 3,17: *"Boanerges, isto é, filhos do trovão".*
  - 5,41: *"Talitá cum, menina levanta-te".*
  - 7,34: *"Efatá, isto é, abre-te".*
  - 15,22: *"Gólgota, lugar do crânio".*
  - 15,34: *"Eloi, Eloi lama sabactani, Meu Deus, meu Deus porque me abandonaste".*

- **Os costumes judaicos:**
  - 7,2-5: *"Vendo que alguns dos seus discípulos comiam com mãos impuras, ou seja, sem lavá-las – os fariseus, com efeito, e todos os judeus,*

> *conforme a tradição dos antigos, não comem sem lavar as mãos, e, ao voltar da praça pública, não comem sem antes se aspergir, e muitos outros costumes que observam por tradição, lavagem de copos, de jarros, de vasos de metal – os fariseus e os escribas o interrogaram...".*

- 14,12: *"No primeiro dia dos Ázimos, <u>quando se imolava a Páscoa</u>...".*

Essas explicações geográficas ou de costumes, bem como a tradução de palavras aramaicas, eram desnecessárias para as pessoas que viviam em Israel e falavam aramaico. Por outro lado, há indícios de que seus destinatários viviam em ambiente latino. De fato, Marcos usa muitos "latinismos":

- o uso de palavras latinas, mesmo que escritas em grego:

<u>Legione</u>:
- *"Legião é o meu nome, porque somos muitos"* (5,9)
- *"... aquele mesmo que tivera a Legião"* (5,15).

<u>Denarius</u>:
- *"Vamos, então, gastar duzentas moedas de prata para comprar pão e dar-lhes de comer"* (6,37).
- *"Deixai-me ver a moeda do imposto"* (12,15).
- *"Poderia ser vendido esse por mais de trezentas moedas de prata para distribuí-las aos pobres"* (14,5).

Em todas essas citações a palavra "denário" foi traduzida por moeda de prata, pois os denários eram feitos de prata.

<u>Centurio</u>:
- *"O oficial romano (centurião), que estava diante dele, vendo-o morrer assim..."* (15,39).
- *"Mandou chamar o oficial (o centurião) e perguntou se Jesus já estava morto"* (15,44).
- *"Informado pelo oficial (centurião), deu o cadáver a José..."* (15,45).

Esses destinatários não judeus e de língua latina, provavelmente, eram romanos. Marcos lembra que Simão Cirineu era pai de Alexandre e Rufo:

- *"Para carregar a cruz, requisitaram um certo Simão de Cirene, pai de Alexandre e Rufo, que vinha da lavoura"* (15,21).

Ora, segundo Rm 16,13, Rufo era membro da Comunidade cristã de Roma. Todos esses indícios nos levam a aceitar a hipótese de que os primeiros destinatários do Evangelho Segundo Marcos eram cristãos residentes em Roma.

3

DATA DE COMPOSIÇÃO

Segundo a afirmação de Papias, bispo de Gerápolis (citada anteriormente), Marcos escreveu seu evangelho depois da morte de Pedro, que a Tradição da Igreja situa durante a perseguição de Nero pelo ano 64. Portanto, Marcos redigiu seu evangelho depois dessa data.

É também aceita por todos a afirmação de que Marcos escreveu antes do ano 70. Nesse ano Jerusalém foi destruída pelos romanos liderados pelo general Tito. Ora, no seu Discurso escatológico (capítulo 13), Marcos não faz nenhuma menção da destruição do Templo e da cidade santa. Ao contrário, identifica o final do mundo com a destruição da cidade.

A opinião mais aceita é que Marcos escreveu o seu evangelho entre os anos 67 e 70, em Roma.

A FIGURA DE PEDRO NO EVANGELHO SEGUNDO MARCOS

4

No final do século II São Justino chamou o Evangelho Segundo Marcos de "Memórias de Pedro". Também Santo Irineu, bispo de Lião (século II), afirmou que Marcos foi discípulo e intérprete de Pedro e que teria escrito sua pregação.

De fato, a Tradição deu a Marcos o título de "Intérprete (hermeneuta) de Pedro". Certamente Pedro conhecia muito pouco da língua grega que era falada em todo o Império Romano. Por isso, teria se servido de Marcos que tinha um conhecimento maior do grego para auxiliá-lo nas pregações. Assim, podemos dizer que o Evangelho Segundo Marcos não é, como o de Lucas, o resultado de uma pesquisa. É, sim, a catequese de Pedro em Roma.

Uma série de indícios do evangelho indicam nessa direção. Em primeiro lugar se destaca a figura de Pedro que demonstra muito amor por Jesus. É ele que sempre toma a iniciativa e até repreende Jesus. Porém, ao contrário de Mateus e de Lucas, Marcos eliminou de seu evangelho todos os episódios que, por ventura, pudessem exaltar Pedro. Outro indício é a vivacidade de detalhes de algumas narrações que supõem um testemunho ocular ou auricular dos fatos. Exemplos:

- Durante a tempestade no lago, Marcos diz que "*Jesus estava na popa, deitado num travesseiro*" (4,38).

- A vivacidade dos detalhes que descrevem o possesso de Gerasa (5,1-20).

- Apresenta uma série de detalhes sobre a mulher que sofria de hemorragia:

  "*Ora, uma mulher que havia doze anos tinha um fluxo de sangue, e que muito sofrera nas mãos de vários médicos, tendo gastado tudo o que possuía sem nenhum resultado, cada vez piorando mais...*" (5,25).

- Na ressurreição de uma menina, Marcos apresenta até a sua idade:

  "*No mesmo instante a menina se levantou, e andava, pois já tinha doze anos*" (5,42).

- Os detalhes da roupa de Jesus no momento da transfiguração só poderiam ser descritos por uma testemunha ocular: *"Suas vestes tornaram-se resplandecentes, extremamente brancas, de uma alvura tal que nenhum lavandeiro na terra as poderia alvejar"* (9,3).

Outro indício, ainda, pode ser encontrado nos chamados "textos na primeira pessoa do plural". Trata-se de uma série de narrações onde é possível substituir a terceira pessoa do singular ou plural (ele ou eles) pela primeira pessoa do plural (nós). Isso permite ouvir o relato de uma testemunha ocular, no caso, Pedro.

É certo que Marcos depende de Pedro, mas não podemos exagerar essa dependência a ponto de excluir outras fontes orais ou escritas consultadas por ele. Marcos não é apenas um secretário ou um compilador, mas um verdadeiro autor. Se Pedro é sua fonte principal, ele é o autor do evangelho.

5

CARACTERÍSTICAS

Além do que elencamos acima, explicação de dados geográficos, de usos e costumes judaicos, de palavras aramaicas, do uso de vários termos latinos, da importância dada a Pedro, podemos elencar outras características de Marcos:

- **Pobreza de estilo e vocabulário**: seu estilo é muito simples e pobre com o uso frequente de gerúndios tais como: caminhando, partindo, ensinando, aproximando-se, vendo etc. Suas frases são ligadas por simples conjunções como: "e", "e logo", "e imediatamente", "e depois" (cf. 1,10.12.18.20.21.28.29.30). Muitas vezes é difícil descobrir uma sequência lógica entre as narrações. Os fatos não são todos narrados com o mesmo estilo. Algumas narrações são vivas e cheias de detalhes (cf. 2,1-12; 5,1-20; 5,21-43; 6,7-29 etc.), enquanto outras são muito esquematizadas (cf. 1,16-20; 2,13-3,5).

- **Ausência de grandes discursos**:
  Embora afirme que Jesus ensinava ou anunciava o Reino de Deus (1,39; 2, 2.13; 4,1.2; 6, 2.6.34; 10,1; 11,17; 12,1), Marcos contém apenas dois discursos de Jesus: o discurso em parábolas (4,2-34) e o discurso escatológico (13,5-37). Faltam os grandes discursos de Jesus que encontramos em Mateus e Lucas.
  O ensino de Jesus é inserido em breves narrações:
    - 2,1-12: sobre o perdão dos pecados;
    - 2,16-17: sobre o comer com os pecadores;
    - 2,18-20: sobre o jejum;
    - 2, 23-26: sobre o sábado;
    - 3,1-6: sobre as curas nos sábados
    - 3,31-35: sobre a família de Jesus;
    - 12,13-17: sobre o tributo a César;
    - 12,41-44: sobre a esmola.

É provável que essas pequenas narrações existiram antes da redação de Marcos. Elas provavelmente foram criadas pela tradição oral da comunidade primitiva em vista da catequese.

- **As narrações de milagres**

O evangelista narra um grande número de milagres de Jesus, sobretudo na primeira parte do seu evangelho (1,23-28; 1,29-31; 1,40-45; 2,1-12; 3,1-6; 4,35-41; 5,1-20; 5,21-43; 5,25-34; 5,35-43; 6,30-44; 7,24-30; 7,31-37; 8,1-10; 8,22-26; 9,14-29). Normalmente as narrações de milagres seguem o mesmo esquema: circunstâncias, ação de Jesus, efeitos. Muitas vezes essas narrações estão unidas por alguma referência geográfica ou cronológica.

- **Os resumos**

Marcos inseriu em seu texto uma série de resumos, isto é, de pequenas informações que possibilitam uma visão geral da ação de Jesus. Esses resumos são independentes do seu contexto e algumas vezes servem como introdução a um grupo de textos. Os resumos são: 1,14-15.21-22.39; 2,13; 3,7-12; 4,33-34; 6,6b.12-13.55-56; 9,30; 10,1.32.

Quando lidos um após o outro, esses resumos se assemelham aos discursos querigmáticos encontrados nos Atos dos Apóstolos e apresentam uma síntese do ministério de Jesus.

- **O olhar de Jesus**

Marcos insiste no olhar de Jesus, muitas vezes sem especificar os seus sentimentos: 3,5.34; 5,32; 10,23; 11,11.

- **O segredo messiânico**

Muitas vezes Jesus parece querer esconder do grande público sua identidade messiânica e seus milagres. Assim, proíbe aos demônios de revelar sua identidade (1,25.34; 3,12); outras vezes são os curados que são proibidos de identificar quem os curou (1,44; 5,43; 7,36; 8,26); proíbe também os seus discípulos (8,30; 9,9); alguns milagres foram feitos longe dos discípulos e da multidão (5,37.40; 7,33; 8,26).

Essa atitude de Jesus parece ser histórica, pois é encontrada também em Mateus e Lucas. Entretanto, Marcos ressaltou essa atitude que foi chamada pelos exegetas de "segredo messiânico". Logo, Jesus evita qualquer publicidade e insinua que na sua pessoa se esconde um mistério. Apesar de seus milagres, Jesus continuou incompreendido por uns e admirado por outros. Marcos mostra também que a ordem de Jesus nem sempre foi cumprida, sobretudo quando era impossível guardar o silêncio.

Para alguns autores o "segredo messiânico" seria invenção de Marcos, que teria antecipado na vida terrena de Jesus as ideias do cristianismo posterior, atribuindo a Jesus uma consciência messiânica que ele, na realidade, não possuía. Esse modo de ver, próprio do racionalismo liberal, transformou Jesus em um pregador escatológico, sem nenhuma consciência messiânica.

> Quais seriam os motivos para justificar a atitude de Jesus?

Em primeiro lugar, o ambiente do seu tempo. A Palestina era ocupada pelos romanos e a espera de um messias libertador era grande. Esse messias, o Ungido de Deus como Davi, viria para libertar Israel do domínio opressor dos romanos. Mantendo-se afastado, Jesus evitava ver-se envolvido em revoltas ou rebeliões políticas. Escondendo sua verdadeira identidade Jesus teria evitado alimentar o desejo nacionalista de alguns grupos do seu tempo.

Porém, Jesus tinha um objetivo positivo. Ele não queria entrar em conflito com os poderes políticos, mas devia também apresentar a seus ouvintes o ideal messiânico querido por Deus, e contido na revelação divina: um Messias sofredor e redentor. Com uma vida simples e humilde, submisso à vontade divina, Jesus procurou educar seus seguidores para a grande lição da cruz.

Uma propaganda incontrolada de sua identidade messiânica não seria compreendida e aceita por seus concidadãos. Jesus, aceitando a vontade do Pai, rejeitou a tentação satânica do sucesso e de incompreensão do seu messianismo.

Será sua morte e ressurreição que iluminará toda a sua vida e ação. A ressurreição é o selo divino sobre sua ação terrestre. Por conseguinte, será necessário chegar à ressurreição para compreender a verdadeira identidade de Jesus que já estava escondida na sua pessoa e nas suas ações milagrosas.

6
ESTRUTURA

Tendo como base os dados geográficos, podemos dividir o Evangelho Segundo Marcos em quatro partes:

- Preparação para o ministério público de Jesus: Mc 1,1-13 (pregação de João Batista (1,2-8); batismo de Jesus (1,9-11); tentações de Jesus (1,12-13)).
- Ministério de Jesus na Galileia: Mc 1,14–9,50.
- Viagem para Jerusalém e ministério na Judeia: Mc 10,1–13,37.
- Paixão, morte e ressurreição: Mc 14,1–16,20.

É provável que Marcos não seja o criador dessa estrutura, mas tenha se servido do esquema usado na catequese da Igreja primitiva.

7

MENSAGEM

"Início do evangelho de Jesus Cristo, Filho de Deus" (Mc 1,1). Essa frase não marca apenas o começo do Evangelho Segundo Marcos. É, sim, o seu objetivo.

Marcos se propõe a mostrar que Jesus de Nazaré é o Cristo (Messias) e é o Filho de Deus. Seu objetivo é totalmente cristológico. Seu texto é a catequese de Pedro aos cristãos de Roma e não um tratado de cristologia sistemática.

A pergunta fundamental para Marcos é: **Quem é Jesus?** Quem é esse homem que tanta gente venera? O fundador de uma nova religião? Um pregador? Um filósofo?

Pedro e um centurião romano dão a resposta à essa pergunta fundamental: Pedro professa: *"Tu és o Cristo"* (8,29) e o centurião reconhece que *"Verdadeiramente esse homem era Filho de Deus"* (15,39). Assim a frase inicial: *"início do evangelho de Jesus Cristo Filho de Deus"* (1,1) está intimamente ligada à resposta de Pedro: *"Tu és o Cristo"* (8,29) e à do centurião: *"...esse homem era Filho de Deus"* (15,39).

Baseados nessas duas profissões de fé, podemos dividir a mensagem de Marcos em duas partes complementares:

Primeira parte: 1,1-8,29

Para responder à pergunta sobre a verdadeira identidade de Jesus, Marcos apresenta na primeira parte uma série de opiniões sobre Jesus.

João Batista de modo velado descreveu a identidade de Jesus:

> *"Depois de mim vem <u>um mais forte do que eu</u>. Diante dele eu não sou digno de abaixar-me e desatar a correia das suas sandálias. Eu vos batizei com água, <u>ele vos batizará no Espírito Santo</u>"* (1,7-8).

Portanto, João reconhece a superioridade daquele cuja vinda ele anuncia. No momento do batismo de Jesus, a voz vinda do céu releva sua verdadeira identidade: *"Tu és o meu Filho amado, de ti eu me agrado"* (1,11).

No seu primeiro milagre, segundo Marcos, realizado na sinagoga de Cafarnaum, o demônio gritou: *"Sei quem tu és: o Santo de Deus"* (1,24). Marcos resumiu a atividade de Jesus em Cafarnaum nesse dia dizendo: *"Ele curou muitos doentes de enfermidades diversas e expulsou muitos demônios. Mas não permitia que os demônios falassem, pois eles o conheciam"* (1,34). Em outro resumo*: "Os espíritos impuros, quando o viam, prostravam-se diante dele e gritavam: Tu és o Filho de Deus"* (3,11).

O possesso de Gerasa *"vendo Jesus de longe, ele correu, caiu de joelhos diante dele e gritou em voz alta: O que tens a ver comigo Jesus, Filho do Deus Altíssimo?"* (5,7). Logo, os espíritos impuros, como Marcos chama os demônios, conhecem Jesus, se prostram diante dele e procuram revelar sua identidade.

Ao contrário dos demônios, os habitantes de Nazaré que conviveram com Jesus por certo tempo, se interrogam sobre o seu poder de fazer milagres, mas não reconhecem sua divindade. Para eles Jesus é *"o carpinteiro, o filho de Maria, irmão de Tiago, José, Judas e Simão"* (6,3). Eles não conhecem a verdadeira identidade de Jesus, e, por isso, não acreditam nele.

Seus parentes mais próximos, excetuando sua mãe, logicamente, *"saíram para agarrá-lo, pois diziam: Ele está louco"* (3,21). Na opinião dos escribas, Jesus era um possesso: *"Ele está possuído por Belzebu* (3,22); '... *diziam que ele estava possuído por um espírito impuro'"* (3,30).

O próprio tetrarca Herodes, que Marcos chama de rei, deu sua opinião sobre Jesus: "João, que eu mandei decapitar, foi ressuscitado" (6,16).

Por fim, o próprio Jesus apresenta a questão de sua verdadeira identidade: *"Quem as pessoas dizem que eu sou?"* (8,27). A resposta é muito genérica: *"João Batista, Elias, um dos profetas"*.

Marcos mostra que, enquanto os demônios conhecem a verdadeira identidade de Jesus, as pessoas não sabem quem Ele é. E por isso não creem nele. Então a pergunta é apresentada aos discípulos: *"E vós, quem dizeis que eu sou?"* Pedro respondeu: *"Tu és o Cristo"* (8,29).

Além das várias opiniões sobre a identidade de Jesus, Marcos concentrou nessa primeira parte uma série de catorze milagres de Jesus: 1,21-27; 1,29-30; 1,40-45; 2,1-12; 3,1-6; 4,35-41; 5,1-17; 5,21-43 (dois milagres); 6,30-44; 7,24-30; 7,31-37; 8,1-10; 8,22-26.

Por que essa grande quantidade de milagres? Marcos quer dizer que para conhecer Jesus não basta ouvir as opiniões de terceiros sobre Ele, mas é importante prestar atenção no que Ele fez. Seria interessante estudar cada um desses milagres, mas nos atemos ao primeiro e último que retomam a questão da identidade de Jesus.

No primeiro milagre realizado em dia de sábado na sinagoga de Cafarnaum (a cronologia e a geografia são importantes), Jesus expulsou um espírito impuro de um dos presentes. O demônio saiu do homem revelando a verdadeira identidade de Jesus: *"Sei quem tu és: o Santo de Deus"* (1,21-27).

No último milagre, não temos um exorcismo, mas a cura de um cego (8,22-29). O interessante é que o milagre é realizado em duas etapas: Jesus colocou saliva nos olhos do cego e lhe impôs as mãos. Porém, o cego não ficou totalmente curado. Sua visão era confusa: confundia homens com árvores. *"olho para as as pessoas e as vejo como árvores que andam"* (8,24). Então Jesus colocou as mãos sobre os olhos do cego que viu distintamente.

Esse cego anônimo representa os cegos espirituais, que não conseguem ver claramente a verdadeira identidade de Jesus e, por isso, o confundem com outras pessoas. O cego confundiu homens com árvores; os judeus confundiram Jesus com João Batista, Elias, qualquer um dos profetas. São cegos espirituais que necessitam ser curados.

Também Pedro que fez uma bela profissão de fé, precisa ser curado de sua cegueira, pois logo depois não aceitará o anúncio da morte de Jesus. O próprio Jesus afirmou de Pedro: *"... não tens senso para as coisas de Deus, mas para as dos homens"* (8,33). O que Pedro entendia quando afirmou que Jesus era o Cristo, o Messias, o Ungido anunciado pelos profetas. Certamente a visão de Pedro era imperfeita, esperava um Messias político, nacionalista.

Concluindo esta primeira parte: Marcos, apresentado as várias opiniões sobre a pessoa de Jesus e muitos de seus milagres, convida cada um de seus leitores a responder a pergunta fundamental: ***"Para vocês, quem sou eu?"***

A segunda parte do evangelho (8,31–16,20) é dominada pelos anúncios da morte e ressurreição de Jesus. Por três vezes Jesus anuncia sua morte e ressurreição:

- *"Então começou a ensinar-lhes que o Filho do Homem devia sofrer muito, ser rejeitado pelos anciãos, pelos sumos sacerdotes e pelos escribas, que devia ser morto e ressuscitar depois de três dias"* (8,31).

- *"Saindo dali eles atravessaram a Galileia. Jesus não queria que alguém o soubesse. Ensinava os seus discípulos, dizendo-lhes: 'O Filho do Homem será entregue às mãos dos homens, e eles o matarão; mas depois de três dias ele ressuscitará'"* (9,30-31).

- *"Nós estamos subindo para Jerusalém e o Filho do Homem será entregue aos sumos sacerdotes e aos escribas. Eles o condenarão à morte e o entregarão aos pagãos. Zombarão dele, cuspirão nele, o açoitarão e o matarão, mas três dias depois ele ressuscitará"* (10,33-34).

Jesus já não fica muito com a multidão. Dedica a maior parte do seu tempo para a instrução de seus apóstolos. O conteúdo dessa instrução é sua própria pessoa. Era preciso que seus apóstolos tivessem pleno conhecimento de sua identidade. Ele é o Messias predito pelos profetas. Mas seu messianismo não é político nacionalista como esperava o povo todo. Para mostrar que seu messianismo é diferente, Jesus lhes fala de morte e ressurreição. No entanto, seus apóstolos não compreenderam seu ensino: *"não compreendiam estas palavras"* (9,32). Por isso, a cada anúncio da sua morte, os apóstolos reagem discutindo quem dentre eles é o maior, o mais importante.

Jesus fala de um messianismo de serviço que passa pela doação de sua própria vida, e seus apóstolos buscam o poder, a grandeza. Assim, depois do primeiro anúncio da morte e ressurreição, Jesus ensina:

- *"Se alguém quiser vir após mim, renuncie a si mesmo, tome a sua cruz e me siga. Pois quem quiser salvar a sua vida, vai perdê-la; mas, quem perder a sua vida por amor de mim e pela causa do Evangelho, há de salvá-la"* (8,34-35).

Depois do segundo anúncio, Marcos diz que os apóstolos discutiam pelo caminho quem era o maior. E Jesus ensinou:

- *"Se alguém quiser ser o primeiro, seja o último e o servo de todos"* (9,35).

E logo depois de anunciar pela terceira vez sua morte, os dois filhos de Zebedeu, Tiago e João, pediram para ocupar os primeiros lugares no seu reinado (10,35-45). E mais uma vez Jesus lhes ensinou a humildade e a doação: *"Jesus, porém, os chamou e disse: Sabeis que os que parecem governar as nações as oprimem, e os seus grandes as tiranizam. Entre vós, porém, não deve ser assim. Ao contrário, quem de vós quiser ser grande, seja vosso servidor; e quem quiser ser o primeiro, seja o escravo de todos. Pois também o Filho do Homem não veio para ser servido, mas para servir e dar sua vida em resgate por muitos"* (10,42-45).

Com esses ensinamentos Jesus procurou mostrar a seus apóstolos que seu messianismo não era o de um líder revolucionário pronto para pegar em armas contra os romanos como fizeram muitos pseudos messias antes dele. Seu messianismo passa pelo serviço, pela humildade e pela cruz.

Nesta segunda parte encontramos apenas dois milagres de Jesus: a expulsão de um demônio (9,14-29) e a cura do cego Bartimeu de Jericó (10,46-52). Como na primeira parte, também aqui o primeiro milagre é um exorcismo. Porém, são os discípulos que tentam expulsar o demônio de um jovem, e não conseguem. A incapacidade dos apóstolos diante do demônio demonstra a sua falta de fé. Toda a narração gira em torno da fé.

Diante da situação criada pela incapacidade dos seus apóstolos, Jesus exclama: "*Ó gente incrédula!*" (9,19); ao pai do jovem ele diz: "*Tudo é possível para quem tem fé!*" (9,23); o pai responde: "*Eu creio, mas ajuda a minha falta de fé*" (9,24). A falta da fé indica a incompreensão da pessoa e missão de Jesus.

Outro tema que a narração propõe é a ressurreição:

- "*E o menino ficou como <u>morto</u>, de modo que muitos diziam: "Morreu". Jesus, porém, tomando-o pela mão, <u>ergueu-o, e ele se levantou</u>*" (9,26b-27).

O outro milagre (10,46-52) é a cura do cego Bartimeu de Jericó. Ao contrário do cego anônimo da primeira parte (8,22-26), esse cego possui um nome e uma história: é Bartimeu, filho de Timeu, habitante de Jericó. Ele invoca Jesus com um título messiânico: **"Filho de Davi"** antecipando assim a aclamação da multidão na entrada triunfal de Jesus em Jerusalém: "*Bendito o Reino que vem, o Reino de nosso pai Davi*" (11,10).

Uma vez curado, Bartimeu seguiu Jesus (10,52). Ora, Jesus está a caminho de Jerusalém, lugar de sua morte e ressurreição. Portanto, Bartimeu representa todos aqueles que se deixaram iluminar por Jesus e o seguem em direção da cruz e da ressurreição. Enquanto o primeiro cego confundia homens com árvores que andavam, este vê claramente pela fé e segue Jesus.

Ensinando em Jerusalém, o próprio Jesus colocou a questão de sua identidade, ou da identidade do Messias: "*Como os escribas podem dizer que o Messias é Filho de Davi?*" (12,35). Marcos não diz a quem foi dirigida a pergunta. Mas a questão ficou em aberto, pois não recebeu resposta.

Durante todo o processo que o levou à morte, Jesus se manteve calado. Respondeu apenas as perguntas sobre sua identidade.

Quando o sumo sacerdote lhe perguntou: "*Tu és o Cristo, o Filho do Deus bendito?*", *Jesus respondeu: "Eu sou*" (14,61-62). A pergunta do sumo sacerdote retoma o versículo inicial de Marcos (1,1). É a única vez que Jesus declara abertamente sua identidade: Ele é o Messias, o Filho do Deus Altíssimo.

Quando Pilatos lhe perguntou: *"És tu o Rei dos judeus?"* Jesus respondeu: *"Tu o dizes"* (15,2).

Os insultos da multidão no Calvário também refletem sua identidade: *"O Cristo, o rei de Israel..."* (15,32). E, finalmente, *"O oficial romano, que se estava diante dele, vendo-o morrer, assim disse: De fato, este homem era Filho de Deus"* (15,39).

Concluindo

A Tradição da Igreja sempre ligou o Evangelho Segundo Marcos à pregação do Apóstolo Pedro em Roma. A catequese de Pedro apresentava um caminho para a descoberta da verdadeira identidade de Jesus. Ele não é um filósofo, um profeta qualquer, ou mesmo um revolucionário. Ele é o Cristo/Messias enviado pelo Pai e é o Filho de Deus.

O final canônico

A conclusão de Marcos (16,9-20) é uma das questões mais complicadas da crítica textual do Novo Testamento. Esse final sempre despertou muita curiosidade. É estranho que Marcos tenha terminado seu evangelho afirmando que as mulheres que foram ao sepulcro *"não disseram nada a ninguém, pois estavam com medo"* (16,8). Marcos terminou seu evangelho assim? Ou a parte final se perdeu? A solução continua aberta.

Quando se examina os textos mais antigos que possuímos do Evangelho Segundo Marcos, descobrimos que os textos não são concordes sobre o final do seu evangelho.

- Nos códices Vaticano e Sinaítico do século IV e em muitas traduções antigas, o texto termina em 16,8. Segundo Eusébio de Cesareia e São Jerônimo, esse era o final da maioria dos códices da época.

- Alguns poucos códices sem grande importância acrescentaram um breve final após Mc 16,8: *"Eles narraram brevemente aos companheiros de Pedro o que lhes tinha sido anunciado. Depois, o mesmo Jesus os encarregou de levar, do Oriente ao Ocidente, a sagrada e incorruptível mensagem da salvação eterna"*.

- Outros códices contêm o chamado final longo, que serve como conclusão do evangelho em todas as versões atuais, e é chamado de "Final canônico de Marcos: Mc 16,9-20. Esse final já era conhecido no século II por Santo Irineu e por muitos manuscritos gregos.

- Há ainda alguns poucos manuscritos que contêm o final longo (16,9-20), mas acrescentam após o versículo 14 um longo texto no qual os apóstolos se justificam perante Jesus pela incredulidade do mundo e Jesus lhes prediz muitas e duras provações.

A essa falta de unanimidade da tradição se deve acrescentar algumas dificuldades literárias no texto de Mc 16,9-20.

- Mc 16,9 não é a continuação de Mc 16,8. De fato, não se diz nada sobre o comportamento das mulheres: elas referiram ou não aos apóstolos a ordem dada pelo anjo: *"Mas ide dizer aos discípulos e a Pedro que ele irá à frente para a Galileia"* (16,8).
- Marcos não narrou nenhuma aparição de Jesus ressuscitado na Galileia.
- A linguagem e o estilo desse texto são muito diferentes do texto do evangelho.
- Mateus e Lucas concordam com Marcos até 16,8.
- Mc 16,9-20 é quase um resumo das aparições de Jesus ressuscitado descritas em Mateus e Lucas: 16,9 = Jo 20,11-18; 16,12 = Lc 24,13-35; 16,14 = Lc 24,25-49 e Jo 20,19-29; 16,15 = Mt 28,18-20; 16,19 = Lc 24,50-53.

Logo, esse final não parece ter sido escrito por Marcos. Quem o compôs conhecia os textos de Mateus, Lucas e João. Negar a autoria de Marcos não significa negar a inspiração desse texto.

A inspiração de Mc 16,9-20 foi definida no Concílio de Trento que tratou da inspiração e, portanto, da canonicidade de todos os livros bíblicos e suas partes como estão na edição da Vulgata. Assim, Mc 16,9-20 é considerado o texto inspirado pelo Espírito Santo, mesmo se discutimos a sua paternidade e autenticidade.

INTRODUÇÃO AO EVANGELHO SEGUNDO MATEUS

III

O Evangelho Segundo Mateus gozou de grande estima na Igreja, sobretudo porque era atribuído a um dos Doze Apóstolos. Somente alguns hereges, sobretudo os gnósticos, rejeitaram o Evangelho Segundo Mateus por causa da importância dada à Lei Mosaica e à ética.

O Evangelho Segundo Mateus é o mais conhecido e usado pelos cristãos desde a Antiguidade. Era usado nas missas dominicais durante todo o ano até a reforma litúrgica do Concílio Vaticano II que criou o sistema dos Anos A B e C. Por isso Mateus ocupa o primeiro lugar no cânon do Novo Testamento e também foi, durante muito tempo, considerado o primeiro no sentido cronológico.

Hoje as opiniões sobre Mateus são divergentes: alguns ressaltam o caráter polêmico do evangelho contra o judaísmo (as investidas de Jesus contra os escribas e fariseus) e o propósito de considerar os cristãos como o "verdadeiro Israel". Outros veem em Mateus a tentativa de defender a continuidade entre a fé cristã e suas raízes judaicas.

1

O AUTOR

Papias, bispo de Gerápolis, no início do século II escreveu:
"Mateus recolheu as sentenças (lógia) de Jesus em língua hebraica, e cada um as interpretou como podia".

"Mateus publicou entre os hebreus um evangelho escrito na língua deles, enquanto Pedro e Paulo evangelizavam Roma e fundavam a Igreja" (Santo Irineu, bispo de Lião).

"Em primeiro lugar foi escrito o Evangelho Segundo Mateus, que havia sido publicano, depois apóstolo de Jesus Cristo, publicado em língua hebraica" (Orígenes, metade do séc. III).

A mesma afirmação encontramos em Santo Agostinho, Santo Ambrósio, São Jerônimo, e outros. Baseada nessas afirmações a Tradição da Igreja sempre atribuiu o primeiro evangelho ao Apóstolo Mateus. De fato, em todas as listas dos apóstolos aparece um com o nome de Mateus (Mt 10,3ss.; Mc 3,15ss.; Lc 6,15ss.; At 1,13ss.). Mas somente no Evangelho Segundo Mateus, o Apóstolo Mateus é chamado de "publicano", identificando-o com o cobrador de impostos chamado por Jesus (Mt 9,9).

- *"Os nomes dos Doze Apóstolos são os seguintes: o primeiro, Simão, chamado Pedro, e André, seu irmão; Tiago filho de Zebedeu, e João, seu irmão; Filipe e Bartolomeu; Tomé <u>e Mateus, o cobrador de impostos</u>; Tiago filho de Alfeu, e Tadeu; Simão, o Zelotes, e Judas Iscariotes, que o traiu"* (Mt 10,2s.).

Ora, Marcos e Lucas chamam o cobrador de impostos de Levi (Lc 5,27) ou Levi, filho de Alfeu (Mc 2,14).

- *"Depois disso, Jesus saiu e viu um cobrador de impostos, chamado de Levi, sentado junto ao balcão da coletoria e lhe disse: Segue-me. Deixando tudo, ele se levantou e o seguiu"* (Lc 5,27).

- *"Quando ia passando, viu Levi, filho de Alfeu, sentado junto ao balcão da coletoria e lhe disse: Segue-me. Levi levantou-se e o seguiu"* (Mc 2,14).

A observação de Marcos, "filho de Alfeu", não nos permite afirmar que Levi era irmão do Apóstolo "Tiago, filho de Alfeu", também chamado Tiago Menor. Normalmente, nas listas dos apóstolos, os irmãos são mencionados juntos: Pedro e André, Tiago e João. São Jerônimo (*De Viris illustribus*, 3) afirma que Levi era o sobrenome de Mateus, que escreveu seu evangelho na Judeia para cristãos provenientes do judaísmo. Ao contrário da afirmação de São Jerônimo, não existe nenhum texto onde o apóstolo é chamado de Levi Mateus. Na época era frequente o uso de dois nomes, como João Marcos, Saulo Paulo. Porém, um dos nomes era sempre grego ou romano e o outro hebraico. E aqui ambos os nomes são hebraicos.

Uma outra hipótese é que o próprio Evangelista Mateus teria mudado o nome do publicano Levi para Mateus porque Levi não aparece em nenhuma lista dos apóstolos e as narrações de vocações contidas nos evangelhos são sempre de apóstolos, como as de Pedro e André, Tiago e João.

Quanto à identificação do autor do evangelho com o apóstolo, hoje é questionada e mesmo rejeitada.

O fato de atribuir um escrito a um apóstolo era um modo de considerá-lo canônico, inspirado. De fato, um dos critérios para a canonização de um escrito era a sua origem apostólica.

É certo que o Evangelho Segundo Mateus depende do Evangelho Segundo Marcos, que não era apóstolo, mas discípulo e intérprete de Pedro. Pergunta-se, então: que necessidade teria um apóstolo, que foi testemunha ocular dos fatos, de recorrer a um texto escrito por alguém que não era apóstolo, portanto, não era testemunha ocular do que Jesus fez e ensinou?

Além disso, o profundo conhecimento que o Evangelista Mateus tem das Escrituras, não condiz com a situação de um cobrador de impostos. O Evangelista Mateus não só conhece como usa muito as Escrituras e se serve das técnicas dos rabinos e escribas. Seria, portanto, muito mais lógico afirmar que o Evangelista Mateus era um escriba e não um cobrador de impostos.

Mais difícil é a questão da existência de um texto escrito em hebraico anterior a Marcos. Hoje a tese de um evangelho hebraico ou aramaico é rejeitada.

O Evangelho Segundo Mateus foi escrito originalmente em um bom grego; não é uma tradução. O grego era a língua falada pelo evangelista. O autor quase sempre cita a Bíblia na sua versão grega da Setenta e raramente se serve do texto hebraico. Em nenhum lugar da literatura cristã se encontrou uma única citação tirada de um texto hebraico ou aramaico de Mateus.

Quanto à afirmação de São Jerônimo de que viu o texto hebraico de Mateus, muitos opinam que ele o confundiu com o apócrifo "Evangelho dos Nazarenos" ou dos Hebreus que foi escrito em aramaico, mas é posterior ao Evangelho Segundo Marcos.

Há, ainda, alguns poucos autores que identificam o texto de Mateus escrito em hebraico do qual Papias fala, com uma coleção de sentenças de Jesus, depois identificada com a "Quelle". Nota-se que Papias usou a palavra "sentenças" (logia) e não evangelho.

Concluindo: A maioria dos autores modernos admite que o autor do primeiro evangelho não é o Apóstolo Mateus, mas um judeu helenista cristão da segunda geração. Se seu nome era Mateus ou era seu pseudônimo, é impossível determinar.

2
DATA E LOCAL DE COMPOSIÇÃO

Entre os escritores antigos, Santo Irineu, bispo de Lião, é o único que propõe uma data para o Evangelho Segundo Mateus: *"Mateus, publicou entre os hebreus um evangelho escrito na língua deles, enquanto Pedro e Paulo evangelizavam Roma e fundavam a Igreja"*. Ou seja, Mateus teria escrito seu evangelho antes do ano 67, data provável da morte do Apóstolo Paulo.

Os autores atuais propõem uma data posterior, visto que Mateus se serviu do Evangelho Segundo Marcos. Mateus teria escrito depois da queda de Jerusalém, isto é, depois do ano 70 d.C. Um indício seria a menção da destruição da cidade daqueles que recusaram o convite para as núpcias, segundo a parábola das bodas (Mt 22,1-13)

- *"O rei ficou furioso e mandou seus exércitos exterminarem aqueles assassinos e tocarem fogo em sua cidade"* (22,7).

A data mais provável seria entre os anos 80 e 90.

Local

É impossível qualquer determinação. É certo que a comunidade de Mateus era formada por uma grande percentagem de judeus convertidos ao cristianismo. Mas isso não significa que tenha sido escrito na Palestina, pois havia muitas comunidades de judeus espalhadas por todo o Império Romano.

Entre os autores modernos existe uma certa preferência para a cidade de Antioquia, capital da Província Romana da Síria. Lucas descreve, nos Atos dos Apóstolos, a fundação da Igreja de Antioquia (At 11,19-26). Era uma comunidade formada por cristãos provenientes do judaísmo e do paganismo. Significativa, também, é a afirmação de Mateus que a fama de Jesus *"chegou à Síria inteira"* (4,24).

3
CARACTERÍSTICAS

Vocabulário: Mateus usa várias expressões semitas sem preocupar-se em traduzi-las. Exemplos.

- **"O Reino dos céus"** e não o Reino de Deus, evitando assim usar o nome divino;
- Jerusalém é denominada **"cidade santa"** (4,5; 27,53);
- **A Lei e os Profetas** - expressão hebraica para indicar os livros sagrados;
- A expressão **"carne e sangue"** (16,17) - indicando o ser humano;
- As palavras **"ligar e desligar"** (16,19; 18,18) - para indicar o poder;
- A palavra aramaica **"racca"**;
- O termo geográfico-religioso **"o fogo da Geena"** (5,22) - para representar o lugar do sofrimento:

Apenas três palavras hebraicas são traduzidas: **"Emanuel"** (1,23), **Gólgota** (27,23) e **"Eli, Eli lamá sabactani"** (27,46).

Usos e costumes judaicos

Ao contrário de Marcos, Mateus cita usos e costumes judaicos sem a sua explicação:

- **As franjas rituais** dos mantos usados pelos fariseus na hora da oração (23,5).
- **As frequentes abluções** (15,2).
- **O pagamento do dízimo** (23,23).
- **O trabalho dos sacerdotes no templo aos sábados** (12,5).

A preferência por números

Mateus serve-se com frequência de números, sobretudo dos números três, cinco e sete.

- **Número três:** as três tentações (4,1-11); três obras que devem ser feitas com sinceridade (6,2-18); três séries de três milagres cada uma (8,1-15; 8,23-9,8; 9,27-34); três orações de Jesus no Jardim das Oliveiras (26,44).

- **Número cinco:** a expressão "eu, porém, vos digo" é usada cinco vezes (5,22.28.34.39.44); cinco controvérsias de Jesus com seus adversários (21,23s.; 22,15s.; 22,23s.; 22,34s.; 22,41s.); a parábola das cinco jovens prudentes e cinco insensatas (25,1-13); a parábola dos cinco talentos (25,14-30).

- **Número sete:** a genealogia de Jesus é dividida em três períodos de quatorze gerações cada um (1,17); o Pai-nosso possui sete invocações (6,9-13); as sete parábolas do Reino (13,1-52); os sete "ais" ou maldições (23,13-32); a mulher que se casou com sete irmãos (22,25-29); os sete demônios que voltam para o homem (12,45); os sete pães e sete cestos da multiplicação (15,34.36.37); perdoar sete vezes setenta (18,22).

Uso do Antigo Testamento

O autor cita frequentemente o Antigo Testamento para mostrar que Jesus realizou plenamente o que foi predito pelos profetas. Quarenta e três citações do Antigo Testamento são literais e geralmente precedidas pela fórmula: *"para que se cumprisse o que o Senhor falou pelo profeta..."* (1,22; 2,15; 4,14; 12,17; 21,4 etc.). Todas essas citações consentem a Mateus provar que Jesus é o Messias que cumpre as esperanças messiânicas.

As narrações

Em comparação com Marcos e Lucas, as narrações de Mateus, sobretudo as de milagres de Jesus, são mais simples, mais resumidas. Por exemplo: o centurião dirige-se diretamente a Jesus, sem intermediários (8,5-13); Jairo pede logo a Jesus por sua filha que morreu (9,18-26); na cura do possesso de Gerasa (8,28-34) e do rapaz possesso (17,14-21) os sintomas são abreviados; a morte de João Batista é narrada de modo sucinta (14,3-12).

Mateus omitiu muitos traços pitorescos do Evangelho Segundo Marcos (cf. Mc 4,38; 5,26; 13,3).

O ensinamento de Jesus

O evangelista reuniu todo o ensinamento de Jesus em cinco grandes discursos (5–7; 10; 23; 18; 24–25). O Reino dos Céus é o tema central de todos eles que terminam com a mesma expressão: *"Ao terminar Jesus estes discursos..."* (7,28; 11,1; 13,53; 19,1 e 26,1). É interessante notar que em 26,1 a expressão é: ***"Ao terminar todos esses discursos..."***. O acréscimo da palavra **"todos"**, dá a entender que os cinco discursos formam uma grande unidade.

Os apóstolos

Todos os apóstolos são apresentados com muito respeito. Destaca-se a figura de Pedro que é citado em alguns episódios que foram omitidos por Marcos: Pedro anda sobre as águas (14,28-31); recebe o primado (16,17-19); paga o imposto com Jesus (17,24-27).

Jesus e o judaísmo

Jesus é sempre apresentado de modo majestoso. Sobretudo, Ele é apresentado muitas vezes em relação ao judaísmo. Por exemplo:

- Jesus afirma que foi mandado somente para Israel (10,6; 15,24).
- Ele veio levar a Lei Mosaica à sua perfeição (5,17-19; 12,5).
- As controvérsias de Jesus contra os escribas e fariseus não eram sobre a Lei Divina, mas sobre a interpretação da Lei, a chamada "Lei Oral".

4
ESTRUTURA

Ao longo do tempo foram propostas várias estruturas para o Evangelho Segundo Mateus. Alguns propuseram uma estrutura em três partes tendo como referência a geografia: Galileia, Samaria, Jerusalém. Essa divisão é insuficiente e pouco clara nas subdivisões menores.

Outros apresentaram uma estrutura alicerçada na fórmula: *"daí em diante, Jesus começou..."* (4,17; 16,21). Se passaria do anúncio de Jesus como Messias (1,1–4,16), à proclamação de sua messianidade (4,17–16,20), e sua morte de ressurreição (16,21–28,10). Porém, a estrutura mais aceita é a que divide o evangelho em sete partes:

- **O evangelho da infância (1–2);**

- **O Ministério público de Jesus (3,1–25,46):** Essa parte central é dividida em cinco livros, formados por uma parte narrativa e outra de ensinamento:
    - **Primeiro Livro** (3,1–7,29)
    Narrativa: 3,1–4,25
    Ensino: 5,1–7,29 – Sermão da montanha
    - **Segundo Livro** (8,1–10,42)
    Narrativa: 8,1–9,39
    Ensino: 10,1-42: – Discurso missionário
    - **Terceiro Livro** (11,1–13,52)
    Narrativa: 11,1–12,50
    Ensino: 13,1-52 – Discurso em parábolas
    - **Quarto Livro** (13,53–18,35)
    Narrativa: 13,53–17,27
    Ensino: 18,1-35 – Discurso eclesial
    - **Quinto Livro** (19,1–25,46)
    Narrativa: 19,1–23,39
    Ensino: 24–25 – Discurso escatológico

- **Paixão, morte e ressurreição (26–28).**

Essa estrutura se baseia em vários números, muito usados por Mateus:

Número três: infância, vida pública e morte/ressurreição.

Número cinco: a vida pública de Jesus foi dividida em cinco partes, tendo como base os cinco ensinamentos de Jesus. Essa divisão da parte central em cinco livros lembra o Pentateuco ou Cinco rolos da Lei (Gn, Ex, Lv, Nm, Dt); os cinco livros do Saltério (Sl 1–41; 42–72; 73–89; 90–106; 107–150); ou os cinco Rolos dos Escritos (Rt, Ct, Lm, Ecle, Est). Assim como Moisés deu a Israel os cinco Livros da Lei, Jesus dá à sua Igreja uma Nova Lei contida em cinco grandes ensinamentos.

Número sete: somando os cinco discursos com o evangelho da infância e com a morte e ressurreição, temos o evangelho em sete partes.

A divisão da parte central do evangelho em cinco livros não é aceita por muitos autores, pois a relação entre a parte narrativa e o ensino nem sempre é clara. Nos três primeiros livros é fácil perceber a relação entre as duas partes. Mas nos outros dois é muito difícil.

5
MENSAGEM

Para entender o Evangelho Segundo Mateus é necessário recordar que a comunidade à qual ele se dirige é formada por um considerável grupo de cristãos provenientes do judaísmo e por pagãos convertidos.

Ora, para os judeus, Moisés era o principal profeta, aquele que falou pessoalmente com Deus e que transmitiu a Lei Divina ao povo de Israel. A observância da Lei era a maior expressão de fidelidade a Deus. Por isso, Mateus apresentou Jesus como um Novo Moisés, embora ele nunca tenha empregado esta expressão. Jesus é superior a Moisés porque é Filho de Deus:

- O Pai o identificou como seu Filho no momento do batismo: *"Este é o meu Filho amado, de quem eu me agrado"* (3,17); e na transfiguração: *"Este é o meu Filho amado, de quem eu me agrado, escutai-o"* (17,5);
- Os demônios também o chamam de Filho de Deus: *"O que tens a ver conosco, Filho de Deus?"* (8,29);
- Pedro confessou a filiação divina de Jesus: *"Tu és o Cristo, o Filho de Deus vivo"* (16,16);
- O centurião, na hora de sua morte, confessou: *"Verdadeiramente, este era Filho de Deus"* (27,54).

Antes Deus falou a Israel por meio de Moisés, agora ele fala em Jesus, seu Filho. Diante disso, Mateus procurou apresentar Jesus como um Mestre, que ensina a vontade do Pai. Ele é o novo legislador que não veio abolir a Lei Mosaica, mas levá-la à perfeição: *"Não penseis que vim abolir a Lei ou os Profetas. Não vim abolir, mas completar"* (5,17). Por isso, o evangelista insiste em apresentar Jesus cumprindo as Escrituras (1,22; 2,15; 4,14; 12,17; 21,4).

É sintomático que o primeiro discurso de Jesus tenha sido feito sobre a montanha, pois também Moisés recebeu a Lei sobre a montanha do Sinai: *"Ao ver aquela multidão de povo, Jesus subiu ao monte. Quando se sentou, os discípulos se aproximaram dele. Tomou a palavra e começou a ensinar"* (5,1-2).

Sentar-se era a atitude dos rabinos quando ensinavam. Por isso, Jesus se senta ao ensinar. Mateus prefere dizer que Jesus ensinava e não que apenas dizia, pois, ensinar é muito mais do que dizer.

Todo o ensino de Jesus foi condensado em cinco grandes discursos. Cinco eram os livros da Lei que Deus deu através de Moisés. Todos os discursos ou sermões de Jesus desenvolvem o mesmo tema: o Reino de Deus:

- O programa do Reino – 5–7.
- O anúncio do Reino – 10.
- O mistério do Reino – 13.
- A vida no Reino – 18.
- A realização definitiva do Reino – 24–25.

Mateus ressalta que os judeus rejeitaram Jesus e seu ensino. No evangelho da infância ele mostra como os judeus, representados em Herodes e nos sacerdotes, não aceitaram Jesus, enquanto os pagãos, representados nos magos do Oriente, o buscaram e adoraram (2,1-12).

Em três parábolas (21,28-32; 21,33-46; 22,1-14) Jesus afirma claramente que o reino seria tirado dos judeus e oferecido a um outro povo: Israel é como o filho mais velho que não cumpre a vontade do Pai; é como os vinhateiros que matam o herdeiro da vinha para apossar-se dela; é como os convidados para as bodas, que não aceitam o convite. Por essa razão o Reino lhes foi tirado.

> *"Por isso vos digo: O Reino de Deus será tirado de vós e será dado a um povo que produza os devidos frutos"* (21,43).

Mateus faz recair sobre as autoridades judaicas a responsabilidade pela morte de Jesus, chegando a inocentar Pilatos:

> *"Ao ver que nada conseguia, e o tumulto crescia cada vez mais, Pilatos mandou trazer água, lavou as mãos e disse: "Sou inocente do sangue deste justo; o problema é vosso. E o povo respondeu: O sangue dele caia sobre nós e sobre nossos filhos"* (27,24-25).

Os judeus tentaram negar a ressurreição subornando os guardas que eles mesmos colocaram no sepulcro de Jesus (28,11-15).

A Igreja, formada pelos discípulos de Jesus, é o novo povo de Deus. Tudo o que Jesus ensinou a seus discípulos se aplica à sua Igreja. Ela é fundada na fé e no reconhecimento de sua messianidade e de sua filiação divina (16,18-19). O capítulo 18 é a descrição de como os discípulos devem viver.

A Igreja não é um clube fechado, uma elite. Ela tem uma missão específica: *"Ide, pois, fazei discípulos meus todos os povos, batizando-as em nome do Pai e do Filho e do Espírito Santo, ensinando-os a observar tudo quanto vos mandei"* (28,19-20). É, portanto, uma Igreja missionária, "em saída" no dizer do Papa Francisco.

Servindo-se da figura literária da inclusão, Mateus ensina no início e no final do seu evangelho que Jesus estará sempre presente com seus seguidores:

> *"Eis que a Virgem conceberá e dará à luz um filho e o chamarão com o nome de Emanuel, que significa, <u>Deus conosco</u>"* (1,23).
>
> *"Eis que <u>eu estou convosco,</u> todos os dias, até o fim do mundo"* (28,20b).

INTRODUÇÃO AO EVANGELHO SEGUNDO LUCAS

IV

1
O AUTOR

Papias, bispo de Gerápolis (Ásia Menor) nos deixou algumas informações sobre os Evangelhos Segundo Marcos e Mateus. Porém, não escreveu nada sobre Lucas. O testemunho mais antigo que possuímos vem do Cânon de Muratori que atribui o Terceiro Evangelho a Lucas, e especifica que ele era médico e foi companheiro de Paulo em suas viagens missionárias. O Cânon de Muratori ou Muratoriano é um manuscrito latino do segundo século, contendo a lista dos livros do Novo Testamento reconhecidos como inspirados pela Igreja de Roma. Recebeu esse nome porque foi encontrado por Ludovico Antonio Muratori, em 1740, na Biblioteca Ambroziana de Milão.

Os autores cristãos do II e III séculos, como Irineu, Tertuliano, Orígenes, também atribuem o Terceiro Evangelho a Lucas. Já o Prólogo Antimarcionita afirma que Lucas era originário de Antioquia da Síria, era médico, discípulo dos apóstolos e, mais tarde, companheiro de Paulo; não era casado; morreu com 84 anos de idade e escreveu seu evangelho na Acáia (Grécia).

O Prólogo Antimarcionita é um escrito do século II d.C. que combate as ideias do herege Marcião. Marcião dizia que o Deus do Antigo Testamento era mau, cruel e responsável por esse mundo tão contraditório. Mas o Deus revelado por Jesus era o Deus de Amor. Por isso, ele rejeitou todo o Antigo Testamento. Do Novo Testamento aceitou apenas dez cartas de São Paulo (menos as Pastorais e Hebreus), e só o Evangelho Segundo Lucas, mas com muitos cortes.

É certo que o autor do Terceiro Evangelho é também o autor dos Atos dos Apóstolos. Aliás, alguns biblistas afirmam que os dois textos originalmente formavam um único livro. De fato, eles apresentam uma grande semelhança de vocabulário, estilo e perspectiva teológica.

Há nos Atos dos Apóstolos uma série de narrações que receberam o nome de "sessão nós", porque o texto é escrito na primeira pessoa do plural e não na terceira pessoa como o restante do livro (cf. 16,10-17; 20,5–21,18; 27,1–28,16).

Em todos esses textos encontramos Lucas que acompanha o Apóstolo Paulo. Esses textos parecem ser parte de uma espécie de diário de viagem. Ora, o autor desses textos da "sessão nós" é também o autor de todo o livro dos Atos dos Apóstolos e, consequentemente, também do Terceiro Evangelho. Dentre os muitos companheiros e colaboradores de Paulo, a Tradição sempre os atribuiu a Lucas.

Os Atos dos Apóstolos e as Cartas de Paulo confirmam a presença de Lucas ao lado do apóstolo em várias ocasiões:

- Lucas se encontrou com Paulo em Trôade, durante a segunda viagem missionária, e o acompanhou até a cidade de Filipos: At 16,16.
- Parece ter ficado em Filipos, pois seu nome não é mais citado até que Paulo o encontrou ali durante sua terceira viagem missionária.
- Lucas, então, acompanhou Paulo até Jerusalém: At 20,5–21,18
- Pelo ano 60 foi com Paulo prisioneiro para Roma At 27,1–28,16
- Esteve com Paulo em Roma durante sua primeira prisão entre os anos 61-63 como atestam as Cartas aos Colossenses e a Filêmon Cl 4,14; Fm 24.
- Esteve outra vez em Roma ao lado de Paulo na segunda prisão do apóstolo: 2Tm 4,1.

Quanto à informação que Lucas era médico, o texto do evangelho oferece pistas muito fracas. Por exemplo:

- Ao narrar a cura da sogra de Pedro, Lucas diz: "A sogra de Simão estava com muita febre" (4,38).
- Ao narrar a cura da mulher que sofria de hemorragia, Lucas suprimiu o comentário depreciativo de Mc 5,26 sobre os médicos (8,43).
- Ao falar da multidão que seguia Jesus: "Eles tinham vindo para ouvir Jesus e para serem curados de suas enfermidades. Também os atormentados de espíritos impuros eram curados" (6,18).
- Ao enviar seus apóstolos em missão: "Jesus deu-lhes poder e autoridade sobre todos os demônios, e para curar enfermidades. E enviou-os a proclamar o Reino de Deus e curar os enfermos" (9,1-2).
- Também os setenta e dois discípulos recebem o poder de curar: "Quando entrardes numa cidade e vos receberem, comei do que vos for servido, curai

<u>os enfermos que nela houver</u> e dizei-lhes: o Reino de Deus está próximo de vós" (10,8-9).

- Também, nos Atos dos Apóstolos, Lucas narra curas realizadas pelos apóstolos: At 3,7; 9,33; 28,7-10.

A partir do século III e IV, apareceram alguns dados lendários segundo os quais Lucas teria sido um dos setenta e dois discípulos de Jesus, ou ainda, o desconhecido discípulo de Emaús, companheiro de Cléofas (Lc 24,13ss.). Que, após a morte de Paulo, ele teria trabalhado na Acaia (Grécia) e ali escreveu seu evangelho e os Atos dos Apóstolos.

Segundo algumas notícias, Lucas teria morrido de morte natural aos 84 anos de idade, na Beócia; mas segundo outras, teria sido martirizado no Egito ou na região da Bitínia.

A partir do ano 530 apareceu a lenda de que ele era também pintor e teria pintado uma imagem de Nossa Senhora. São Jerônimo afirma que seu corpo foi transladado da cidade de Tebas na Grécia, para Constantinopla em 357.

UNIDADE ENTRE EVANGELHO SEGUNDO LUCAS E ATOS DOS APÓSTOLOS

2

O Terceiro Evangelho e os Atos dos Apóstolos formam uma unidade. O autor se propôs a escrever como o Evangelho pregado por Jesus da Galileia até Jerusalém, chegou, após sua morte, até Roma, capital do Império.

Essa grande obra está dividida em duas partes: Os atos de Jesus (o evangelho) e os Atos dos Apóstolos.

O anúncio da Boa-nova do Reino partindo da Galileia chegou até Jerusalém por obra de Jesus de Nazaré. Seus apóstolos levaram essa mesma Boa-nova de Jerusalém até Roma.

É possível que "na primeira redação" o Evangelho Segundo Lucas e Atos dos Apóstolos formassem um único livro. O prólogo que encontramos em Lc 1,1-4 se refere a toda a obra: evangelho e Atos. Provavelmente o evangelho terminava em Lc 24,49 e os Atos começava em At 1,6.

Com a separação das duas partes foram acrescentados Lc 24,50-53 como conclusão do evangelho e At 1,1-5 como introdução aos Atos dos Apóstolos. Essa separação deve ter acontecido no século II, quando o evangelho foi unido aos outros três para formar um compêndio, como estão hoje em nossas Bíblias.

3
LOCAL E DATA DE COMPOSIÇÃO

A Tradição da Igreja não é uniforme quanto ao local em que o Terceiro evangelho teria sido escrito. Propõe-se a Grécia, ou mais exatamente a região da Acaia ou da Beócia, Alexandria no Egito, Cesareia na Palestina ou mesmo em Roma. É certo, porém, que Lucas escreveu seu evangelho para uma comunidade formada por cristãos convertidos do paganismo.

Quanto à data, também não há acordo. Baseados na afirmação do próprio Lucas de que muitos escreveram antes dele (1,1-4), no lamento de Jesus sobre Jerusalém (19,41-44) e na descrição da destruição da cidade santa (21,24), a maioria dos biblistas situa a redação da obra de Lucas (evangelho e Atos dos Apóstolos) depois do ano 70, quando as tropas romanas lideradas pelo general Tito destruíram Jerusalém e incendiaram o Templo. A data mais provável deve estar entre os anos 80 e 90.

As fontes de Lucas

Lucas afirma que antes de escrever fez uma acurada investigação. Podemos supor que essa investigação consistiu, além de consultar o Evangelho Segundo Marcos do qual depende, também o contato com testemunhas oculares, pessoas que viram e ouviram Jesus.

- Fontes escritas, tais como o evangelho escrito por Marcos e a fonte "Quelle".
  Marcos é a principal fonte de Lucas que utilizou mais da metade do seu evangelho (350 versículos sobre 661 versículos de Marcos), deixando as narrações na mesma ordem. Entretanto, Lucas não transcreveu Marcos. Pelo contrário, deixou a marca de seu estilo e preferências espirituais nos textos que usou.

- Lucas, como Mateus, teve suas fontes exclusivas que são de difícil identificação. Testemunhos de viva voz, tais como Marta e Maria, irmãs de Lázaro que muitas vezes receberam Jesus em sua casa (10,38-42); as mulheres que seguiram Jesus, algumas delas citadas nominalmente: Maria Madalena, Suzana, Joana, mulher de Cuza (8,3); aquelas que presenciaram a morte de Jesus e foram as primeiras testemunhas de sua ressurreição (23,55–24,11). Entre todas sobressai Maria, Mãe de Jesus. Ela foi a primeira e principal testemunha de experiências íntimas. Ela meditou tudo em seu coração (2,19.51).

Objetivo

Quando Lucas compôs sua obra, a pregação do Evangelho já tinha percorrido um longo caminho. A geração que tinha conhecido Jesus estava desaparecendo e, com ela, as testemunhas mais qualificadas dos acontecimentos.

Seu objetivo é catequético-pastoral, isto é, ele quer consolidar a fé dos cristãos por meio de um conhecimento mais profundo da vida e dos ensinamentos de Jesus. O seu, não é um simples livro de história. A história descrita não se refere aos feitos realizados por grandes homens, mas ao desígnio de Deus atuado no tempo.

Enquanto os outros evangelistas pararam na ressurreição de Jesus, Lucas ultrapassou a Páscoa. A salvação se realiza em dois momentos extremamente unidos: o momento de Jesus e o da Comunidade de seus seguidores. Em ambos se destaca a atuação do Espírito Santo. O Espírito Santo age em Jesus e em seus discípulos.

A Comunidade de Lucas

É muito difícil delinear, mesmo que aproximadamente, a Comunidade onde Lucas vivia e para a qual escreveu. Porém, o texto do seu evangelho nos fornece algumas pistas interessantes:

- Sua Comunidade parece ser formada, na sua maioria, por cristãos provenientes do paganismo. A percentagem de judeus convertidos era muito pequena.

- Era uma Comunidade que já tinha superado o impacto inicial entre judaísmo e cristianismo. Seu evangelho não apresenta as polêmicas de Jesus contra fariseus e escribas como o faz Mateus.

- Como toda a Igreja da época, era uma Comunidade que sofria a perseguição. O texto de Lc 21,21 mais do que o anúncio profético, parece ser a descrição de uma realidade: *"Então os que estiverem na Judeia fujam para os montes. Os que estiverem na cidade retirem-se. Os que estiverem no interior não voltem para a cidade"*.

- Era uma Comunidade formada por muitos pobres, humildes, marginalizados. O anúncio da salvação é dirigido a eles. Os pobres são os protagonistas do evangelho da infância.

- Jesus diz que foi enviado a eles (4,16). Lucas acentua o contraste entre pobres e ricos (6,20-26).

4
CARACTERÍSTICAS LITERÁRIAS

Do ponto de vista literário, Lucas se diferencia muito de Marcos e Mateus. Seu evangelho é quase uma obra literária.

- Segundo o costume grego da época, Lucas inicia sua obra com um prólogo e uma dedicação a um personagem, Teófilo. Esse prólogo não tem a mesma importância litúrgica que os inícios dos Evangelhos Segundo Mateus e Marcos.
- Lucas procurou ambientar a história de Jesus na história de seu tempo: Lc 3,1s. é um resumo histórico muito preciso.
- Lucas procurou ser exato ao escrever. Assim, Herodes Antipas é chamado de Tetrarca Herodes (9,7) e não de Rei Herodes como diz Marcos (6,14); o mar da Galileia é chamado de lago de Genesaré (5,1s.).
- Ele evita exageros suprimindo expressões como: muito, grande, com insistência. Aos números redondos ele acrescentou aproximações (1,56; 3,23; 9,14.28 etc.).
- Lucas também evitou a repetição de acontecimentos semelhantes: Ex.: uma única multiplicação dos pães (9,12-17); uma única oração de Jesus no Jardim das Oliveiras (22,39-46); um único processo judaico de Jesus (22,66-71).
- Faz constantes referências para frente ou para trás para explicar ao leitor a conexão entre os fatos. Assim: 1,80 prepara 3,1s.; 4,14 remete a 4,1; 22,2 é preparado por 20,19 e 22,39 por 21,37.
- Visto que sua Comunidade, ou seus primeiros leitores, eram pagãos convertidos. Lucas não usa palavras semitas ou as substitui por termos gregos. Por exemplo: Jesus é sempre chamado de Mestre (didáscale) e não Rabi. Ele omitiu palavras hebraicas/aramaicas como "Abba", "Boanerges", "Hosana" etc. Outras vezes escreve o significado da palavra: ex. "kranion" em vez de Gólgota.

- Cita raramente o Antigo Testamento.
- Descreve as reações psicológicas dos personagens: Exemplos:

    "Havia uma expectativa entre o povo e todos se perguntavam se não era Ele (João Batista) o Cristo..." (3,15).

    "Todos ficaram pasmos diante a grandeza de Deus. Como todos se admirassem de tudo o que fazia, Jesus disse a seus discípulos..." (9,43).

- Suprimiu do texto tudo o que pudesse influir negativamente na dignidade de Jesus. Por exemplo: suprimiu Mc 3,21 onde se supõe que Jesus seja um louco; ou Mc 13,32 em que Jesus afirma não conhecer o dia da Parusia. Suprimiu também as reações negativas de Jesus, tais como ira, tristeza, abatimento etc. Por isso, na cruz, Jesus não se sente abandonado pelo Pai, mas se entrega em suas mãos.

5
ESTRUTURA

A leitura atenta permite descobrir que Lucas usou a geografia para estruturar toda a sua obra: evangelho e Atos dos Apóstolos.

Aqui, apresentamos apenas a estrutura do evangelho:

- **Prólogo** (Lc 1,1-4): O autor apresenta seu método, objetivo e o destinatário da obra.

- **Evangelho da Infância** (Lc 1,5–2,52): Esses dois capítulos reúnem as tradições sobre o nascimento e a infância de João Batista e de Jesus. A narração começa no templo de Jerusalém com o anúncio do nascimento de João Batista (1,5-22), e termina, também, no templo de Jerusalém, com a perda e encontro de Jesus (2,41-52).

- **Preparação para o ministério público de Jesus** (Lc 3,1–4,13): Lucas descreve a pregação de João Batista e sua prisão (3,1-20); o batismo e a genealogia de Jesus e a sua tentação no deserto (3,21–4,13).

- **Ministério na Galileia** (Lc 4,14–9,50): Esses capítulos possuem uma grande unidade geográfica. Apresentam a atividade de Jesus na Galileia.

- **Viagem à Jerusalém** (Lc 9,51–19,28): Lucas dá grande importância ao caminho de Jesus para Jerusalém. No contexto dessa viagem, o evangelista reuniu uma série de ensinamentos de Jesus e recorda, constantemente, que Jesus estava a caminho da cidade santa (9,51.53.57; 10,38; 13,22.33; 17,11; 18,31; 19,28).

- **Ministério em Jerusalém** (Lc 19,29-21,38): A cidade de Jerusalém é o lugar geográfico que dá unidade a esses textos.

- **Paixão, morte e ressurreição de Jesus** (Lc 22,1–24,53).

6

MENSAGEM

Lucas é considerado o teólogo da história da salvação, pois continua a "história de Jesus" (Evangelho) com a "história da Igreja" (Atos dos Apóstolos).

Em seus dois volumes, Lucas apresenta o itinerário do anúncio da salvação que, por obra de Jesus, vai de Nazaré até Jerusalém, e que, por obra da Igreja, chega até Roma, coração de todo o Império Romano. Para ele, Jerusalém ocupa um lugar especial. É o ponto de chegada da missão de Jesus e o ponto de partida da missão da Igreja. Por isso a história da salvação é dividida, por Lucas, em duas partes: o tempo da promessa e o tempo da realização.

Lucas dividiu a história da salvação em duas épocas:

- O tempo da promessa ou profecia;
- O tempo da realização.

O tempo da promessa ou da profecia

Esse tempo se estende de Abraão até João Batista:

- "*A Lei e os Profetas chegaram até João. Desde então, se anuncia o Reino de Deus, e cada um se esforça para entrar nele*" (Lc 16,16).
- Lc 1-2, o chamado Evangelho da Infância, faz ainda parte do tempo da promessa. Por isso, Zacarias e Isabel são descritos como observantes da Lei: "*Ambos eram justos diante de Deus e viviam irrepreensíveis em todos os mandamentos e ordens do Senhor*" (1,6);
- Simeão e Ana representam aqueles que esperam a salvação: "*Havia em Jerusalém um homem chamado Simeão. Justo e piedoso, ele esperava a consolação de Israel...*" (2,25.38);
- A missão de João Batista é preparar a chegada do Salvador: "*E tu, menino, serás chamado profeta do Altíssimo, pois irás adiante do Senhor preparar-lhe os caminhos*" (1,76).

Lucas evita identificar as missões de João e de Jesus como fez Mateus (3,2) colocando na boca do Precursor o anúncio da chegada do Reino. Para Lucas, João não anuncia o Reino, mas prepara a chegada do Salvador.

A missão de João termina antes que Jesus comece a sua. Dessa forma, Lucas narra a prisão de João logo no início do ministério público de Jesus:

> *"Mas o tetrarca Herodes, que João repreendia por causa de Herodíades, mulher de seu irmão, e por todas as maldades cometidas, acrescentou mais esta: mandou prender João no cárcere"* (3,19-20).

João não é nem mesmo citado na hora do batismo de Jesus:

> *"Ao ser batizado todo o povo, e quando Jesus, depois de batizado, estava orando, o céu se abriu e o Espírito Santo desceu sobre Ele em forma corpórea, como pomba. E do céu ouviu-se uma voz: Tu és o meu Filho amado, de ti eu me agrado"* (3,21-22).

O tempo da realização

Com Jesus abre-se uma nova etapa na história da salvação: o Hoje da Salvação. Tudo o que foi prometido pelo Pai e anunciado pelos profetas se realiza em Jesus. No seu nascimento os anjos anunciaram o "Hoje da Salvação": *"Nasceu-vos hoje, na cidade de Davi, um Salvador, que é Cristo Senhor"* (2,11).

Na sinagoga de Nazaré, Jesus afirma a realização das palavras do Profeta Isaías: *"Hoje se cumpriu esta passagem da Escritura que acabais de ouvir"* (4,21). Na resposta aos enviados por João Batista, Jesus mostrou que suas obras realizavam as profecias (7,22). E no caminho para Emaús, o Ressuscitado *"E começando por Moisés e por todos os profetas, foi explicando tudo o que a ele se referia em todas as Escrituras"* (24,27).

Todo o ministério de Jesus é visto por Lucas como uma progressiva realização do plano de salvação predito pelos profetas. O tempo de Jesus é o tempo da realização da salvação. Esse tempo é chamado por Lucas de HOJE (kairós). Esse Hoje é proclamado:

- No momento do nascimento de Jesus (2,11).
- No início de seu ministério público em Nazaré (4,21).
- Nos seus milagres (5,26).
- Na casa de Zaqueu (19,5.9).
- Na promessa ao ladrão na cruz (24,43).

Em Jesus Deus visitou seu povo (1,68.72; 19,42.44), e começou o "ano da graça" anunciado pelo profeta (4,19).

Além de dividir a História da Salvação em duas partes: tempo da promessa e tempo da realização, Lucas procurou mostrar que a salvação é oferecida a todos os povos. Por isso, ao apresentar João Batista como a voz que grita no deserto (3,4), Lucas prolonga a citação do Profeta Isaías para introduzir um versículo importante:

"E todos verão a salvação de Deus" (3,6).

A salvação tem como destinatários todos os homens. O mesmo texto é retomado na conclusão dos Atos dos Apóstolos (28,28). No final do evangelho, Jesus diz: *"e começando por Jerusalém, em seu nome seria pregada a todas as nações a conversão para o perdão dos pecados..."* (24,47-49). A salvação é descrita como conversão para o perdão dos pecados. O tema da universalidade da salvação está presente no início e no fim tanto do evangelho como dos Atos dos Apóstolos.

A salvação é apresentada a todos os homens por Jesus e por seus seguidores. Jesus foi o primeiro a anunciar a salvação. Partindo de Nazaré da Galileia, Ele vai levar a Boa-nova da salvação até Jerusalém. Para Lucas, Jesus está sempre em caminho para a cidade santa.

Esse caminhar de Jesus já é anunciado na geografia do Evangelho da Infância (Lc 1-2). Enquanto a história de João Batista começa no Templo de Jerusalém (1,3), continua depois nas montanhas da Judeia (1,39) e termina no deserto (1,80), a história de Jesus, ao contrário, começou em Nazaré (1,26), foi para as montanhas da Judeia, onde santificou João (1,39), continuou em Belém, depois em Jerusalém (2,22) e terminou no Templo (2,41-42).

O ponto de partida da missão de Jesus é Nazaré e o ponto de cumprimento é Jerusalém. Por essa razão, Lucas inverte a ordem das tentações colocando a última em Jerusalém: *"O diabo o levou ainda para Jerusalém, colocou-o no ponto mais alto do Templo, e lhe disse..."* (4,9).

O demônio voltará ao ataque no momento da paixão em Jerusalém: *"Tendo terminado toda espécie de tentação, o diabo se afastou dele até o momento oportuno"* (4,13). Ora, para Lucas o momento oportuno é o momento da morte de Jesus: *"satanás havia entrado em Judas chamado Iscariotes, um dos Doze"* (22,3). A prisão de Jesus e sua morte é interpretada por Lucas como o ataque do demônio: *"..., mas é a vossa hora, e o poder das Trevas"* (22,53).

Ao narrar o ministério público de Jesus na Galileia, Lucas segue Marcos (1,14-9,50). Porém, omite a passagem de Jesus pelos territórios pagãos de Tiro e Sidônia (Mc 7,24-31; Mt 15,21-28). A razão da omissão é não desviar Jesus do seu caminho para Jerusalém.

Na transfiguração Lucas é o único a dizer o motivo da conversa entre Jesus, Moisés e Elias: "...*falavam de sua morte, que teria lugar <u>em Jerusalém</u>*" (9,31). A partir de 9,51, Lucas lembra várias vezes a decisão de Jesus de ir para Jerusalém:

- "*Como estavam para se completar os dias em que seria arrebatado deste mundo, Jesus dirigiu-se resolutamente <u>para Jerusalém</u>, e enviou mensageiros à sua frente. Eles foram e entraram num povoado de samaritanos, para lhe preparar uma pousada. Mas os samaritanos não o quiseram receber porque era evidente que ia <u>para Jerusalém</u>*" (9,51-53).

- "*...porque não é admissível que um profeta morra <u>fora de Jerusalém</u>*" (13,33).

- "*Indo <u>para Jerusalém</u>, Jesus atravessava a Samaria e a Galileia* (17,11).

- "*Tomando à parte os Doze, disse-lhes: Nós vamos <u>subir a Jerusalém</u>...*" (18,31).

- "*Depois de assim falar, Jesus seguiu adiante, <u>subindo para Jerusalém</u>*" (19,28).

Ao narrar a entrada de Jesus em Jerusalém, Lucas afirma três vezes que Jesus estava perto da cidade:

- "*Ao aproximar-se de Betfagé e de Betânia, perto do Monte das Oliveiras...*" (19,29).

- "*Já perto de Jerusalém, na descida do Monte das Oliveiras, a multidão dos discípulos...*" (19,37).

- "*Ao ver mais perto a cidade de Jerusalém, Jesus chorou sobre ela dizendo...*" (19,41).

Lucas evita dizer que Jesus entrou na cidade como fazem Marcos (11,15) e Mateus (21,10-12). Diz apenas que Jesus entrou no Templo:

- "*Ao entrar no Templo, começou a expulsar os vendedores...*" (19,45).

Jesus estará na cidade somente na hora de celebrar a ceia com seus discípulos:

- "*Respondeu-lhes: "Entrando na cidade..."*" (22,10).

É em Jerusalém que satanás entrará em Judas: "*Satanás havia entrado em Judas, chamado Iscariotes, um dos Doze*" (22,3).

E Jesus só sairá de Jerusalém carregando sua cruz. Do mesmo modo o discípulo só deve partir de Jerusalém carregando sua cruz atrás de Jesus (23,26).

Em At 1,4.8 há uma ordem de Jesus para que os apóstolos não se afastem de Jerusalém; que esperem a promessa do Pai; que serão revestidos do Espírito Santo para serem testemunhas em Jerusalém, em toda a Judeia, na Samaria e até os confins da terra. Essa ordem de Jesus foi usada por Lucas no esquema geográfico-teológico dos Atos dos Apóstolos.

Outros temas de Lucas

O Espírito Santo

Entre os autores do Novo Testamento, Lucas é o que mais destacou a presença dinâmica do Espírito Santo na vida de Jesus e da Igreja.

No Evangelho da Infância

A presença do Espírito Santo é tão constante que se tem a impressão de que sua mão invisível move as pessoas e os fatos.

- João Batista é preparado para ser o precursor do Messias pelo Espírito Santo: 1,15.80.
- É o Espírito Santo que solta a língua de Zacarias para celebrar a salvação: 1,67.
- É o Espírito Santo que ilumina Isabel para reconhecer em Maria, a Mãe do Salvador: 1,41.
- É o Espírito Santo que sustenta Simeão em sua esperança da salvação e o impele para o Templo: 2,26.
- Mas a grande ação do Espírito Santo é a encarnação de Jesus:
  "O Espírito Santo virá sobre ti e o poder do Altíssimo te cobrirá com sua sombra" (1,35).

No ministério público de Jesus

- João Batista define Jesus como aquele que *"vos batizará com o Espírito Santo"* (3,16).
- O Espírito Santo desce sobre Jesus no momento do seu batismo: 3,22.
- Cheio do Espírito Santo Jesus volta do Jordão e é conduzido pelo mesmo Espírito para o deserto: 4,1.
- Impulsionado pelo Espírito Jesus volta do deserto para a Galileia: 4,14.

- Jesus reconhece que o Espírito do Senhor o ungiu para evangelizar os pobres: 4,18.
- Jesus exulta de alegria sob a ação do Espírito Santo: 10,21.
- O Pai dará o Espírito Santo aos que o pedirem: 11,13.
- Quem blasfemar contra o Espírito Santo não será perdoado: 12,10.
- É o Espírito Santo que inspirará os discípulos nos tribunais: 12,12.

Nos Atos dos Apóstolos

- O Espírito Santo será a força dos discípulos no testemunho de Jesus: 1,8.
- O Espírito Santo desce sobre a Igreja em Pentecostes: 2,1-13.
- Pedro, Estevão, Paulo e todos os discípulos são cheios do Espírito Santo: 4,8; 7,55; 13,9.
- Ananias e Safira mentem ao Espírito Santo: 5,3.
- Os apóstolos transmitem o Espírito Santo pela imposição das mãos: 8,18.
- O Espírito Santo desce também sobre os pagãos: 10,44-48.
- É o Espírito Santo quem escolhe Barnabé e Saulo para a missão: 13,2.4.
- As conclusões da Assembleia de Jerusalém são atribuídas ao Espírito Santo: 15,28.
- É o Espírito Santo quem orienta Paulo nas suas viagens missionárias: 16,6-7.

A misericórdia

O Evangelho Segundo Lucas é chamado de "evangelho da misericórdia". Se o Evangelho é o anúncio da salvação para todos os homens, é, portanto, o anúncio da misericórdia.

Para Lucas, Jesus é o Salvador/Redentor. Basta fazer uma rápida observação estatística para descobrir a importância dos termos Salvador, salvação e salva nos evangelhos: esses termos aparecem 26 vezes em Lucas e apenas 16 em Mateus, 15 em Marcos e 8 em João.

A salvação/misericórdia é oferecida a todos os homens. Por isso, ao falar da genealogia de Jesus (3,23-38), Lucas não se restringe à descendência judia de Jesus, como faz Mateus (1,1-17), mas coloca Jesus na genealogia de Adão, o primeiro pecador. É nessa perspectiva que Lucas prolongou a citação de Isaías em 3,6 (cf. Mt 3,1-12 e Mc 1,1-8).

Entre todos os homens, os pecadores ocupam um lugar privilegiado em Lucas. Eles são os principais beneficiários da pregação e ação de Jesus:

- *"Pois o Filho do Homem veio procurar e salvar o que estava perdido"* (19,10).
- *"Todos os publicanos e os pecadores se aproximavam de Jesus para ouvi-lo"* (15,1).
- Jesus é acusado pelos fariseus de ser amigo dos publicanos e pecadores: 5,30; 7,34; 15,2.

Em Lucas encontramos as grandes histórias de perdão e conversão:

- A pecadora pública: 7,36-50;
- Zaqueu: 19,1-10;
- O perdão de Jesus a seus algozes: 23,34;
- O ladrão na cruz: 23,39-43.

Deus é aquele que procura a ovelha e a dracma perdidas; que acolhe o filho arrependido (15). Nesse sentido, Lucas modificou a frase de Mateus: "Sede perfeitos..." Mt 5,48 para "sede misericordiosos..." (Lc 6,36).

Todo o Discurso da planície está centrado na caridade (6,17-49).

Ao lado dos pecadores, Lucas colocou também os pobres e as mulheres. Não que eles sejam os maiores pecadores, mas como tantos outros eram marginalizados. Assim sendo, Lucas apresentou a atividade pública de Jesus como: Evangelizar os pobres. O próprio Jesus une, em três textos, as palavras "pobre" e "evangelizar":

- Na sinagoga de Nazaré: 4,16-22;
- Na resposta aos enviados por João Batista: 7,18-23;
- No discurso da planície: 6,20-26.

São significativas as críticas de Lucas à idolatria da riqueza, denominada "mamona iníqua" (16, 9.11.13). A esse respeito Lucas contém três parábolas:

- O administrador astuto: 16,1-11;
- O rico e o pobre Lázaro: 16,19-31;
- O latifundiário: 12,16-21.

As mulheres ocupam um lugar importante no seu evangelho:

- a pecadora pública: 7,36-50;
- A viúva de Naim: 7,11-16;
- O grupo de mulheres que seguem Jesus: 8,1-3;
- Marta e Maria: 10,38-42;
- As mulheres de Jerusalém: 23,27-31;
- As mulheres ao pé da cruz: 23,49.55;
- As mulheres são as primeiras testemunhas da ressurreição: 24,1-11.

Entre todas as mulheres se destaca **Maria, Mãe de Jesus**. O Evangelho da Infância poderia ser chamado de "Evangelho de Maria" porque foi ela quem guardou no coração todos os fatos e, provavelmente, foi uma das fontes de Lucas.

Maria é chamada de: cheia de graça; bendita entre todas as mulheres, aquela que acreditou, a Mãe do meu Senhor, a Serva do Senhor.

INTRODUÇÃO AO EVANGELHO SEGUNDO JOÃO

V

1
AUTOR

O nome de João e de sua família não é mencionado no Quarto Evangelho. Uma única vez cita-se: "os filhos de Zebedeu" (21,2). Mas, aparecem com frequência duas expressões; "o outro discípulo" (1,37-39; 18,15-16; 20,2-8) e "o discípulo que Jesus amava" (13,23-26; 19,25-27; 20,2-10; 21,20-23). Do confronto de todos esses textos resulta que essas duas expressões se referem a um dos Doze Apóstolos, conhecido do sumo sacerdote, associado a Pedro e íntimo de Jesus.

Alguns autores procuram identificar o "discípulo que Jesus amava" com Lázaro, que é dito "amado por Jesus" (11,3.5.11.36) e, também, porque essa expressão só ocorre no evangelho após a sua ressurreição. Porém, a Tradição da Igreja sempre identificou "o outro discípulo" e "o discípulo que Jesus amava" com João, filho de Zebedeu. E, desde o segundo século, a Tradição cristã é unânime ao atribuir o Quarto Evangelho a João, o discípulo amado.

Através dos Evangelhos Sinóticos sabemos que João era filho de Zebedeu (Mt 4,21) e de Salomé (Mt 27,56), e irmão do Apóstolo Tiago, chamado Maior. Seu pai era pescador e possuía alguns empregados (Mc 1,20). Sua mãe fazia parte do grupo de mulheres que acompanhava Jesus (Lc 8,2-3). Nós a encontramos no Calvário (Mc 15,40) e no sepulcro, na manhã da ressurreição (Mc 16,1).

João e seu irmão, Tiago, trabalhavam com o pai quando foram chamados por Jesus (Mc 1,19-20). Provavelmente, antes de seguir Jesus, João fazia parte dos discípulos de João Batista. Com Pedro e Tiago, seu irmão, João fazia parte do grupo de apóstolos que testemunhou alguns milagres (Mc 5,37), a transfiguração (Mc 9,2) e a agonia de Jesus no Jardim das Oliveiras (Mc 14,33).

João aparece muitas vezes ao lado de Pedro: os dois prepararam a ceia (Lc 22,8), foram juntos até a casa do sumo sacerdote (Jo 18,16), correram ao sepulcro após a notícia de Maria Madalena (Jo 20,2-10).

Pelo ano 49, durante o chamado Concílio de Jerusalém (At 15,1-35), João ainda se encontrava na cidade santa. Após a morte de Maria, teria se transferido para Éfeso, de onde dirigiu a Igreja da Ásia Proconsular.

Durante a perseguição do imperador Domiciano, foi exilado na Ilha de Patmos, no Mar Egeu, onde teve as visões do Apocalipse. Após a morte de Domiciano, voltou para Éfeso, onde teria escrito seu evangelho.

São Jerônimo afirma que João morreu no sétimo ano do império de Trajano, isto é, no ano 104 d.C.

2
DATA E LOCAL DE COMPOSIÇÃO

É opinião comum que João escreveu seu evangelho no final do primeiro século, entre os anos 90 e 100.

Quanto ao local é mais difícil determinar. Tendo como base a Tradição, João teria escrito em Éfeso. É o que nos diz Santo Irineu:

> *"João, o discípulo do Senhor, que tinha repousado a cabeça sobre o peito de Jesus, publicou seu próprio evangelho, enquanto vivia em Éfeso".*

3
O EVANGELHO SEGUNDO JOÃO E OS SINÓTICOS

Sabemos que os evangelistas Mateus e Lucas conheceram e utilizaram o Evangelho Segundo Marcos. Por isso, são tão parecidos.

Mas, João conheceu algum dos Evangelhos Sinóticos? É bem provável que João, morto em idade muito avançada, tenha conhecido os Evangelhos Sinóticos, redigidos muito tempo antes do seu. No entanto, é difícil saber se utilizou algum deles na composição de seu evangelho.

As semelhanças com os sinóticos não significam, necessariamente, uma dependência literária. João pode ter conhecido os mesmos fatos através da Tradição e da pregação da Igreja primitiva. É fácil notar a sua independência em relação a Marcos, Mateus e Lucas, pois João não narra o batismo de Jesus, nem sua transfiguração, por exemplo. Uma breve comparação é muito esclarecedora:

A cronologia – a leitura dos Sinóticos faz pensar que o ministério público de Jesus demorou apenas um ano. Mas, para João, a vida pública de Jesus durou aproximadamente três anos, pois o evangelista menciona três festas da Páscoa (2,13; 6,4; 11,55), além de outras festas judaicas.

A geografia – para os Sinóticos, o ministério público de Jesus se concentrou na Galileia. Mateus, Marcos e Lucas narram apenas uma viagem de Jesus a Jerusalém e uma breve atividade na cidade santa.

Ao contrário, João menciona três viagens de Jesus a Jerusalém (2,13; 5,1; 7,10). Na terceira viagem, Jesus permaneceu muito tempo na cidade: chegou na festa dos Tabernáculos (7,2) celebrada no outono, permaneceu na cidade durante a festa da Dedicação do Templo (10,22), celebrada no inverno, e foi morto na festa da Páscoa (11,55), na primavera daquele ano (13,1; 19,14).

Os milagres – nos Sinóticos, Jesus opera milagres movido pela compaixão ou indignação contra as potências maléficas.

Para João, os milagres são sinais da autoridade divina de Jesus. O próprio Jesus interpreta seus milagres como prova de sua missão divina (Jo 9,3). Ao contrário de Marcos, onde Jesus impõe silêncio aos beneficiados por seus milagres, em João, ele faz milagres para manifestar sua glória. João não usa a palavra milagre (*dynamis*), mas sinais (*semeion*). E contém apenas sete sinais:

- As bodas de Caná (2,1-12);
- A cura do filho do funcionário real (4,46-54);
- A cura do paralítico na piscina de Betesda (5,1-18);
- A multiplicação dos pães (6,1-15);
- Jesus caminha sobre as águas (6,16-21);
- A cura do cego de nascimento (9,1-38);
- A ressurreição de Lázaro (11,1-43).

Desses sinais, apenas três possuem paralelo nos Sinóticos: a cura do filho do funcionário real (Mt 8,5-13 e Lc 7,1-10), a multiplicação dos pães (Mc 6,32-44 e Mt 14,14-21), Jesus caminhando sobre as águas (Mc 6,45-52 e Mt 14,22-33). João não narra nenhum exorcismo feito por Jesus.

Os ensinamentos – nos Sinóticos, o ensinamento de Jesus foi transmitido em pequenas frases isoladas ou reunidas por temas e através de parábolas.

Em João, não encontramos nenhuma parábola, mas apenas alegorias: a porta do redil (10,7-10); o bom pastor (10,1-6.11-18); a verdadeira videira (15,1-11).

O ensino de Jesus foi reunido em longos "discursos". Esses "discursos" não são coleções de ensinamentos de Jesus como em Mateus, mas verdadeiros "discursos". O tema central desses discursos não é o Reino de Deus como nos Sinóticos. No lugar do anúncio do Reino, João apresenta a revelação da identidade de Jesus. Ele é a vida, a luz, o pão, a ressurreição.

A vinda do Reino de Deus é substituída pela vinda de Jesus. Para João é importante saber "quem é Jesus". Mais do que apresentar informações sobre Jesus, ele procura desvendar a sua personalidade divina.

Os destinatários – A quem Jesus se dirige? Para os Sinóticos, os interlocutores de Jesus são as multidões, os discípulos, os fariseus, os saduceus, os doutores da Lei, os pecadores.

No Quarto Evangelho, Jesus se dirige a dois grupos de pessoas: aos seus discípulos e aos "judeus". A expressão – "os judeus" – é usada mais de setenta vezes e não se refere aos judeus de raça ou de religião, mas indica o grupo daqueles que não aceitam Jesus. João não cita os fariseus, saduceus e escribas. Todas essas categorias de pessoas, que se opõem a Jesus, formam o grupo dos "judeus".

4

CARACTERÍSTICAS

O Quarto Evangelho se diferencia dos Sinóticos também no que se refere aos procedimentos literários, entre os quais analisaremos apenas os mais importantes:

Palavras com duplo sentido. João usa, propositalmente, palavras e expressões que possuem um duplo sentido. Por exemplo:

- "Nascer de novo" (3,3.7): enquanto Jesus se referia a um novo nascimento, do alto, isto é, de Deus pelo batismo, Nicodemos pensava em voltar ao útero materno para nascer outra vez.

- "Água viva" (4,10.11): a samaritana, primeiramente, questionou Jesus sobre como tirar água viva se o poço era fundo e ele nem sequer tinha um balde; depois, pediu "água viva" para não ter mais sede e nem ter que ir ao poço tirar água. Portanto, a samaritana pensava na água do poço, enquanto Jesus se referia a um outro tipo de água que "corre para a vida eterna".

- No discurso sobre o "Pão da Vida" (6,32-35), Jesus afirmou que o Pai daria o verdadeiro pão que desce dos céus. Jesus falava de si mesmo como o Pão da Vida, e os judeus pensavam no pão que sacia a fome do corpo.

- Quando expulsou os vendilhões do Templo, Jesus afirmou: *"Destruí este templo, e em três dias eu o reerguerei"* (2,19). Os judeus pensaram, em sentido material, no Templo de Jerusalém. Mas Jesus se referia ao seu corpo.

Ironia. Muitas vezes, os adversários ou as pessoas que conversavam com Jesus usaram a ironia ou o sarcasmo. Para João, a ironia tinha como objetivo ressaltar alguma característica de Jesus, por exemplo:

- A samaritana perguntou a Jesus, com ironia: *"Por acaso és maior que nosso pai Jacó, que nos deu o poço do qual bebeu junto com os seus filhos e rebanhos?"* (4,12).

- Após a ressurreição de Lázaro, os judeus decidiram matar Jesus, e Caifás disse: *"Não compreendeis que é melhor para nós que morra um só homem pelo povo para que não pereça a nação toda?"* (11,50). O próprio evangelista explicou que o sumo sacerdote *"profetizou que Jesus iria morrer pelo povo"* (11,51).

- Quando Pilatos escreveu o letreiro e o fixou na cruz, ironicamente fez a maior profissão de fé do evangelho: de fato, Jesus crucificado é o Rei dos Judeus (19,19-22).

5
ESTRUTURA

Prólogo (1,1-18): Exalta a encarnação da Palavra de Deus em forma de hino.

O Livro dos sinais (1,19–12,50): Nesses capítulos estão narrados os milagres de Jesus, chamados SINAIS, e os discursos que os interpretam. Os milagres são sinais da glória de Jesus, de sua identidade.

O Livro da glória (13,1–20,31): Estes capítulos narram os acontecimentos ocorridos entre a última ceia e a aparição de Jesus ressuscitado. Jesus já não se dirige aos judeus, fala só a seus discípulos. O tema central desses capítulos é o retorno de Jesus ao Pai, ou seja, sua glorificação (13,1; 14,2.28; 15,26; 16,7.28; 17,5.11; 20,17).

Apêndice (21,1-25): Foi, provavelmente, escrito por algum membro da escola de João, acrescentado posteriormente no evangelho. Esse texto está presente em todos os manuscritos do Evangelho Segundo João.

MENSAGEM 6

Segundo o Evangelho de João, toda a vida de Jesus está marcada por uma "Hora misteriosa". No Antigo Testamento, a "Hora" (kairós) designava o momento da intervenção final de Deus no fim dos tempos (Dn 8,17.19; 11,35.40.45), quando puniria seus inimigos.

Os Evangelhos Sinóticos usam a palavra nesse mesmo sentido, mas também aplicam o termo à paixão de Jesus (Mc 14,35.41). Lucas chama a paixão de "hora do poder das trevas" (Lc 22,53). João usa essa palavra para referir-se ao momento mais importante da vida de Jesus: sua morte e ressurreição. Nos doze primeiros capítulos do evangelho, Jesus afirma que a sua "hora ainda não chegou":

- Em Caná da Galileia ainda não chegara a hora de sua glorificação, o momento de dar os bens messiânicos simbolizados no vinho: "*Ainda não chegou a minha hora*" (2,4).

- Por ocasião da festa dos Tabernáculos, os parentes de Jesus pedem: "*Já que fazes estas coisas, mostra-te ao mundo*" (7,4). Jesus, contudo, faz uma distinção entre o "seu tempo" e o "tempo deles": seu tempo é marcado pela Hora: "*O meu tempo ainda não chegou, mas o vosso tempo está sempre preparado*" (7,6).

- Os adversários de Jesus não podem prendê-lo "*porque ainda não tinha chegado a sua hora*" (7,30; 8,20).

- Mas, quando alguns estrangeiros pedem para vê-lo, Jesus afirma: "*É chegada a hora em que o Filho do homem será glorificado*" (12,23-27).

A partir do capítulo treze, Jesus afirma claramente que "chegou a sua Hora": é a Hora de passar para o Pai: "*Antes da festa da Páscoa, Jesus sabia que tinha chegado a hora de passar deste mundo para o Pai*" (cf. 13,1).

A "Hora" é o momento da **exaltação** de Jesus. Enquanto os outros evangelistas falam da exaltação de Jesus referindo-se à sua ascensão aos céus, João chama a crucificação de exaltação.

Como nos Sinóticos, também no Quarto Evangelho, Jesus prediz sua morte. Mas sempre usando o termo "exaltar, exaltação" (3,14; 8,28; 12,32ss.). O Cristo crucificado é o Cristo exaltado. A própria elevação da cruz é sinal da exaltação. Entretanto, não é a elevação material da cruz, e sim, a própria crucificação é a exaltação de Jesus. Para João, Jesus crucificado não é o Servo sofredor, o Homem das dores do Profeta Isaías, mas um Rei exaltado. O caminho até o Calvário é uma via triunfal. A Cruz é o próprio trono de Jesus.

Unido ao tema da exaltação está o da realeza de Jesus. A exaltação é a entronização. A cruz é seu trono. Jesus morre coroado como um Rei. Na cruz está a proclamação da realeza de Jesus: *"Jesus Nazareno, o Rei dos Judeus"* (19,19). Jesus exerce sua realeza na cruz.

Importante para João é o tema do **Juízo ou Julgamento**. Em muitos textos do Antigo e do Novo Testamento menciona-se o julgamento em relação com a parusia, com a última volta de Jesus no fim dos tempos.

João, por sua vez, afirma que o julgamento acontece no posicionamento de cada pessoa a favor ou contra Jesus. É a própria pessoa que decreta sua condenação ao optar pelas trevas. Negar o senhorio de Jesus é optar pelas trevas do erro e do mal. Assim, os judeus ao negarem a realeza de Jesus e optarem pela realeza de César, julgaram-se a si mesmos. Pensaram em condenar Jesus à morte, mas rejeitando-o, condenaram-se a si mesmos.

Para o Evangelista João, o centro de toda a vida e missão de Jesus é o momento de sua paixão, morte e ressurreição. Essa é a Hora de Jesus. Hora de passar deste mundo para o Pai. Hora de amar os seus até o fim. Hora de realizar o grande plano de amor do Pai (cf. 13,1). É a Hora de sua exaltação. Hora do julgamento do mundo, da proclamação de sua realeza. Os milagres eram apenas sinais de sua divindade.

A cruz é a proclamação solene de que Ele é Rei (19,19-22). Na cruz nasce a Igreja simbolizada na túnica que não é rasgada (19,23-24) e na Mulher/Mãe que é dada ao discípulo amado (19,25-27). Maria, ao pé da cruz, dada como Mãe ao discípulo, representa a Igreja, continuação do próprio Jesus. Aquela que deu à luz a Cabeça (Jesus), gera, nas dores da cruz, o Corpo Místico (Igreja).

O dom do Espírito Santo também acontece na Cruz: *"E, inclinando a cabeça, entregou o espírito"* (19,30). "Entregar o espírito" é uma daquelas expressões de João com duplo sentido. Pode significar morrer, mas também, dar o Espírito Santo. Para João, Pentecostes acontece na cruz. O Espírito de Jesus passa para sua Igreja representada pela Mãe e pelo discípulo amado, aos pés da cruz.

Do coração de Jesus, transpassado pela lança do soldado, saem sangue e água, símbolos dos sacramentos da Igreja (19,31-37).

REFERÊNCIAS

AGUIRRE, M., R. & RODRIGUEZ, C.A. *Os Evangelhos Sinóticos e os Atos dos Apóstolos*. Introdução ao Estudo da Bíblia. Vol. 6. São Paulo: Ave-Maria, 1994.

BALANCIN, E.M. *Como ler o Evangelho de Marcos*: Quem é Jesus? São Paulo: Paulinas, 1991.

BARBAGLIO, G. et al. *Os Evangelhos*. Vol. I e II. São Paulo: Loyola, 1990.

BATTAGLIA, O. *Introdução aos Evangelhos*. Petrópolis: Vozes, 1984.

BATTAGLIA O. et al. *Comentário ao Evangelho de São Marcos*. Petrópolis: Vozes, 1978.

BOCCALI, L. *Comentário ao Evangelho de São Lucas*. Petrópolis: Vozes, 1979.

DANIELI, G. *Mateus*. PCB-NT. São Paulo: Paulinas, 1983.

LANCELLOTTI, Â. *Comentário ao Evangelho de São Mateus*. Petrópolis: Vozes, 1980.

L'EPLATTENIER, C. *Leitura do Evangelho de Lucas*. PCB-NT. São Paulo: Paulinas, 1993.

KUMMEL, W.G. *Introdução ao Novo Testamento*. São Paulo: Paulinas, 1982.

STORNIOLO, I. *Como ler o Evangelho de Lucas*: Os pobres constroem a nova história. São Paulo: Paulinas, 1992.

_____. *Como ler o Evangelho de Mateus*: o caminho da Justiça. São Paulo: Paulinas, 1990.

COLEÇÃO INTRODUÇÃO À BÍBLIA

Pe. José Carlos Fonsatti, CM

- *O Pentateuco – Introdução geral*
- *Introdução à Bíblia*
- *Os Livros Históricos da Bíblia*
- *Os Livros Proféticos*
- *Os Salmos e os Livros Sapienciais*
- *Introdução aos Quatro Evangelhos*